SPORT

SPORT

BILDREDAKTION, HERAUSGEBER STEFAN PIELOW **AUTOR** EMANUEL ECKARDT

EIN FALL FÜR DREI Sie waren vor der Morgendämmerung aufgebrochen und paddelten im ersten Licht des Tages durch den von Krokodilen und Flusspferden verseuchten Sambesi zu den Victoriafällen, bis zur Kante, wo die Wassermassen über hundert Meter tief in die Schlucht stürzen. Dort standen sie nun, Steve Fisher und Dale Jardine aus Südafrika und Sam Drevo aus den USA, und versuchten herauszufinden, inwieweit die Victoriafälle, eines der sieben Naturwunder der Welt, für Kajaks schiffbar sind und wo sie sich am besten abseilen konnten. Das Foto ist ein glücklicher Zufall, und doch wurde es sorgfältig vorbereitet und inszeniert von der australischen Fotografin Desre Tate. Sie war für eine Filmproduktion (Matchstick und SLF) unterwegs, hatte vorher alles gecheckt, den Platz über dem Abgrund, die Rechtslage (die Fälle markieren genau die Grenze zwischen Simbabwe und Sambia) und die Flugbedingungen für den Hubschrauber in den 300 Meter hoch aufsteigenden Sprühnebeln, das Schussfeld für ihre Kamera.

WAS DIE WELT

OLYMPISCHER GEIST UND TODESVERACHTUNG Die Olympischen Spiele der Antike waren Kult. Um 880 v. Chr. begannen die Griechen, zu Ehren der Titanin Rhea, der Mutter des Zeus, um die Wette zu laufen, barfuß mit aufrechtem Start einmal durchs Stadion (192,27 Meter), das war's. Fehlstarts wurden mit Peitschenhieben bestraft. Bald kamen neue Disziplinen dazu, meist Kampfsportarten wie Speerwurf und Diskuswerfen, Bogenschießen, Waffenlauf im Kampfanzug mit Brustpanzer, Beinschienen, Schild und Speer, Ringen, Faustkampf oder Pankration, ein Zweikampf auf losem Sand, bei dem alles erlaubt war, außer beißen und Augen zerquetschen. Wer dabei starb, aber einen guten Kampf geliefert hatte, konnte posthum zum Sieger erklärt werden.

Sport war Männersache. Junge Mädchen durften zuschauen, verheiratete Frauen, die heimlich den Spielen beiwohnten, wurden vom Felsen Typaion gestoßen. Um sicherzustellen, dass keine Frauen teilnahmen, wurden die gymnischen Wettbewerbe eingeführt, bei denen die Athleten und ab 400 v. Chr. auch Trainer und Sportfunktionäre nackt antreten mussten. Trotzdem kam es vor, dass Frauen Olympiasiegerinnen wurden, denn bei Wagenrennen wurde der Sieg nicht dem Wagenlenker, sondern dem Rennstallbesitzer zugesprochen, und das konnte auch eine Kurtisane sein. Insofern ging es schon in der Antike zu wie beim 24-Stunden-Rennen von Le Mans, wo nicht die Fahrer gewinnen, sondern der Rennstall von Porsche, Audi oder Ferrari.

Erst die römischen Kaiser verstanden es, das Sportgeschehen als Event für Massen zu zelebrieren. Im Kolosseum, dem größten Bauwerk der Antike, zentrale Showbühne kaiserlicher Macht und fünfhundert Jahre als Spielhölle betrieben, starben rund 300.000 Menschen bei Kampfsportveranstaltungen eines gewaltsamen Todes. Der Kampf der Gladiatoren war eine Mordsgaudi. Der Einmarsch der perfekt ausgebildeten, in den Fitnessstudios der Gladiatorenschulen trainierten Athleten wurde als pompa zelebriert, als Festzug muskelbepackter Superstars des Amphitheaters. Sie waren Rechtlose, ad ludum, zum Spiel, verurteilt, aber Ehrenmänner: Alle hatten sie auf ihren Eid genommen, den Tod ruhig und in Würde zu empfangen. Dem Sieger winkte eine meist ansehnliche Summe Geldes und ein Palmzweig; hatte der Verlierer keine gute Show geboten, war er ein toter Mann. Dann gingen die Daumen nach unten, und der Mob rief „Iugula!“ – Stich ihn ab!

Die Geschichte der römischen Spiele war eine Jahrhunderte währende Eskalation der Gewalt, eine Spirale der Brutalisierung, die sich, von einigen Ausnahmen abgesehen, von Kaiser zu Kaiser steigerte. Kein Kaiser konnte es sich leisten, den Spielen fernzubleiben, es wäre so, als weigerte sich heute ein Politiker im Fernsehen aufzutreten. Die ludi waren Staatsangelegenheit, die Amphitheater Anstalten öffentlichen Rechts. Dass im Kolosseum Christen abgeschlachtet wurden, ist übrigens nicht belegt, wohl aber für Antiochia, Karthago und Lyon, zugleich Drehscheiben des Sklavenhandels. Der Kampfsport für die Massen war höchst

BEWEGT

populär. Wissenschaftler zählten 186 Arenen im römischen Reich. Die Rolle des Spielverderbers übernahm Konstantin der Große. Verbrecher durften nicht mehr zur Gladiatorenausbildung verurteilt werden, sondern zur Zwangsarbeit in Bergwerken und Steinbrüchen. Die christliche Weltsicht setzte sich langsam durch. 394 n. Chr. wurden auch die längst ins römische Reich verlagerten olympischen Spiele als heidnische Zeremonien von Kaiser Theodosius I. verboten.

Im Mittelalter kamen Schaukämpfe wieder in Mode, hoch zu Ross, mit Helmpflicht und ständig optimierten Kampfanzügen, den Rüstungen, die das Verletzungsrisiko deutlich minderten. Schließlich waren es nicht rechtlose Kampfsklaven, die mit eingelegter Lanze kämpften, sondern die Elite der Ritterschaft, der Turnieradel. Kampfsport diente dem Training der gepanzerten Truppen.

TURNGERÄTE UND NATIONALE ERHEBUNG Nicht nur Krieger brauchen Fitness. Man schrieb das Jahr 1811, das Fahrrad war noch nicht erfunden, Napoleon bereitete sich gerade auf seinen großen Feldzug nach Russland vor, und Beethoven schrieb an seiner 7. Symphonie, als Friedrich Ludwig Jahn in der Berliner Hasenheide den ersten Sportplatz auf deutschem Boden gründete. Der streitbare Pädagoge, mehrfach wegen schlechter Führung und des nie bestandenen Abiturs von Schulen und Universitäten geflogen, schlug sich – zeitweise zur Fahndung ausgeschrieben – als Hauslehrer durch, ein Überzeugungstäter und Missionar, unbeirrbar in der festen Überzeugung, dass Menschen Bewegung brauchen. „Turnvater Jahn“ machte der nationalen Erhebung Beine. Zur körperlichen Ertüchtigung empfahl er Leibesübungen wie gehen und laufen, springen, schwingen und schweben, außerdem werfen, ziehen, schieben, heben, tragen, strecken und ringen, und – Hightech für Einsteiger – das Geräteturnen an Reck und Barren.

Der Frühling der Bewegung war schnell vorbei, es folgte der eisgraue Winter der Restauration. Die Vorturner bekamen Berufsverbot, der Turnvater verbrachte sechs Jahre seines Lebens hinter Gefängnismauern. In vielen Ländern wurde ein Turnverbot erlassen. Das änderte sich erst, als 1842 Preußen auf ärztlichen Rat Leibesübungen an Gymnasien als Schulfach zuließ. Turnvater Jahn, als Leitfigur der deutschen Turnbewegung in die Nationalversammlung in Frankfurt entsandt, starb 1852. Er wurde an der Stirnseite der ersten deutschen Turnhalle in Freyburg an der Unstrut beigesetzt. 1936 holte man den Leichnam aus Anlass der Olympischen Spiele wieder ans Licht und bestattete ihn feierlich im Ehrenhof seines Wohnhauses. Die Nazis ehrten den Turnvater, weil er sich auch als Antisemit geäußert hatte und sich als Streiter gegen „Ausländerei“ und „Verwelschung“ für ein Großdeutschland eingesetzt hatte, das auch die Schweiz, Holland und Dänemark umfassen sollte. Dass daraus nichts wurde, hat seinen Ruf nicht zerstört. Sein Erbe zeigt mehr Wirkung als sein Geschwätz. Alle Welt turnt. Unverändert leuchtet seine Parole „Frisch, fromm, fröhlich, frei“. Die vier großen F bilden – zum Kreuz gefügt – das Logo des Deutschen Turner-Bundes.

EINE FRIEDENSBEWEGUNG FÜR DIE JUGEND DER WELT

Die Idee, dass Sport zur Völkerverständigung beitragen könne, wurde schon bei den Olympischen Spielen in der Antike ganz pragmatisch umgesetzt: Auch verfeindete Reiche sandten ihre Kämpfer. Einzige Bedingung: Sie mussten ohne Waffen kommen. Der Gedanke, den Olympischen Geist neu zu beleben, kam dem französischen Sportsfreund Baron Pierre de Coubertin nach dem verlorenen Krieg von 1870/71. War es nicht klüger, wenn sich die Jugend der Welt in sportlichen Wettkämpfen messen würde, statt sich auf den Schlachtfeldern umzubringen? Das Internationale Olympische Komitee (IOC) wurde gegründet. 1896 wurden in Athen die ersten Olympischen Spiele der Neuzeit veranstaltet, mit rund 250 Athleten aus 14 Ländern. Es war das größte Sportereignis seit Ende der Antike und der Anfang der weltumspannenden olympischen Bewegung.

Seit 1924 gibt es Olympische Winterspiele, seit 1976 Paralympics. Hinzu kamen die Deaflympics für Gehörlose, Special Olympics für Menschen mit geistiger Behinderung und die World Games für alle nicht olympischen Sportarten. Seit 2010 gibt es Olympische Jugendspiele für Jugendliche im Alter von 14 bis 18 Jahren. Die vielen Medaillen regneten auf fruchtbaren Boden. 2012 starteten bei den Olympischen Sommerspielen in London 10.520 Athleten. 205 Länder sind Mitglieder des IOC, dreizehn mehr, als von den Vereinten Nationen anerkannt werden, weil auch Kolonien und abhängige Gebiete ein Team entsenden dürfen.

Was kann der Mensch noch leisten? Die Grenzen sind gefallen, doch eine interessante Frage bleibt und beschäftigt nicht nur Sportmediziner und Athleten: Wo liegen die Grenze des Menschenmöglichen? Wie weit lässt sich Leistung steigern? Als hoch entwickelte Wirbeltiere haben Hominiden (Menschenaffen) die Wahl unter vielen Arten der Fortbewegung, aber beim Menschen ist keine dieser Fähigkeiten besonders hoch entwickelt. Er kann ganz gut laufen, aber nicht schnell genug, falls er von einem wütenden Flusspferd verfolgt würde. Nicht mal ein Usain Bolt könnte dem plumpen Koloss entkommen. Im Vergleich zur Hyäne, die mit ihrer Beißkraft von drei Tonnen mühelos einen menschlichen Oberschenkelknochen knacken könnte, haben wir keinen Biss. Geradezu beschämend fällt der Vergleich mit einigen Insekten aus. Wäre der Mensch ein Floh, könnte er aus dem Stand 380 Meter hoch springen. Die Evolution hat also die körperlichen Fähigkeiten des Menschen eher schwach ausgebildet, dafür aber seine Intelligenz gefördert, die es ihm möglich macht, seine Schwächen zu erkennen und auszugleichen. Er ist in der Lage, mühelos 300 Pferdestärken zu mobilisieren, Rinder in Steaks und Fische in Stäbchen zu verwandeln oder Seidenraupen zu melken. „Der Mensch", hat Loriot erkannt, „ist das einzige Wesen, das im Fliegen eine warme Mahlzeit zu sich nehmen kann." Und das in zehntausend Meter Höhe.

Reicht das nicht? Nein. Es ist nie genug. Es liegt in der Natur des Menschen, voranzukommen: immer höher, immer schneller, immer tiefer. Beharrlich testet die Menschheit ihre Grenzen aus. Es wird eng. Rekorde fallen nicht vom Himmel. Auch nach jahrelangem Training und konsequentem Aufbau der Leistungskurven ist das Limit erkennbar. Was tun? Der Blick fällt auf die inneren Werte, Blutzucker, Sauerstoff, Testosteron, die ganze Palette der entdeckten und unentdeckten Substanzen, die Menschen dorthin tragen, wohin sie allein aus eigener Kraft kaum noch hingekommen wären. Spitzensport ist eine Versuchsanordnung der medizinischen Forschung und der pharmazeutischen Industrie, ein Riesengeschäft mit Zu- und Abflüssen in vielen dunklen Kanälen, das Athleten zu Höchstleistungen bringt und viele von ihnen als Wrack zurücklässt.

Wie ist es möglich, dass einige als uneinholbar geltende Rekorde immer wieder geknackt werden und andere nicht? Warum schafft keine Frau, schneller zu sein als Marita Koch aus Rostock, die am 6. Oktober 1985 in Canberra die 400 Meter in 47,60 Sekunden lief? Warum ist Florence Griffith-Joyner seit 1988 nicht zu toppen? Sie rannte in Indianapolis 100 Meter in 10,49 und in Seoul 200 Meter in 21,34 Sekunden. Warum ist es schier unmöglich, den Kubaner Javier Sotomayor zu übertreffen. 21 Jahre ist es her, dass er im Hochsprung 2,45 Meter schaffte, und 28 Jahre, seit der Russe Juro Sedych in Stuttgart den Hammer warf, ungaubliche 86,74 Meter weit.

Bleibt noch die Tiefe. Inzwischen ist der Mensch in der Lage, 11 Minuten und 35 Sekunden die Luft anzuhalten, 218 Meter ohne und 281 Meter mit Flossen zu tauchen oder ohne Sauerstoff mit einem Atem in 145 Meter Tiefe hinabzugleiten und trotzdem lebendig wieder aufzutauchen.

EINSAME SPITZE – EINE ILLUSION Die Jagd nach Rekorden ist zur Sammelwut geworden. Alpinisten sammeln Achttausender, allen voran die ultimative Trophäe: der Mount Everest, mit 8.848 Metern höchster Berg der Erde. Seit Ewigkeiten reckt er sein schneebedecktes Haupt in den Himmel, unwirtlich wie kein anderer Ort, mit Temperaturen bis zu minus 45 °C, umtost von Stürmen mit Windgeschwindigkeiten bis 200 Kilometern pro Stunde, ein menschenfeindliches Naturereignis, unnahbar, unberechenbar, unbesiegt und unbestiegen bis zum 29. Mai 1953, als der Neuseeländer Edmund Hillary und der Sherpa Tenzing Norgay als Erste auf dem Gipfel standen.

Die Pioniertat machte den Riesen sturmreif. Die Chinesen kamen von hinten (1960), es folgten der erste Amerikaner (1963), die Japanerin Junko Tabei als erste Frau (1975), Reinhold Messner und Peter Habeler als Erste ohne Sauerstoff (1978), Messner als Erster allein mit Verpflegung, Zelt und Ausrüstung auf eigenem Rücken, im puristischen Alpinstil ohne Träger und selbstverständlich wieder ohne Sauerstoff und ohne vorher präparierte Route (1980). Es kamen Lydia Bradley aus Neuseeland, als erste Frau ohne Sauerstoff (1988), das erste Ehepaar (1990), der erste Beinamputierte (1998), der erste Blinde (2001) und einmal schafften es 113 Menschen an einem einzigen Tag auf den Gipfel (am 22. Mai 2003). Es kamen der erste doppelt Beinamputierte und der erste Skyrunner (beide 2006). Rechtzeitig zu den Olympischen Sommerspielen in Peking wurde die olympische Fackel von Tibet aus hinaufgetragen (2008). Auch bergab lassen sich Rekorde vermelden: der erste komplette Abstieg mit Skiern (2000) und die erste Abfahrt mit dem Snowboard (2001).

Himalaya-Expeditionen sind zum lukrativen Geschäft geworden, geführte Touren für rund 50.000 Dollar, all inclusive, full service mit Materialdepots, Fixseilen und Leitern. Amateure im Höhenrausch buchen den Mount Everest als Kletterwand mit Fulltime-Service bis zum Gipfel. Logisch, dass die Sherpas auch das Gepäck der Herrschaften nach oben tragen. Es kommt zu Staus an den Fixseilen, die Basislager vermüllen, der Gipfelsturm fordert Opfer, über 200 Tote säumen den Weg; es wäre lebensgefährlich, sie zu bergen. Als 2014 zwölf Sherpas von einer Lawine verschüttet wurden, sprach Reinhold Messner von einem Arbeitsunfall: „Die Sherpas starben für Menschen, die aus Prestige-Gründen auf den Mount Everest wollen, aber vom Bergsteigen keine Ahnung haben." Es ist nicht zu übersehen: Die Aufsteiger des Massentourismus erweitern ihre Komfortzone. Der Mobilfunkanbieter China Mobile hat drei Sendemasten installieren lassen (auf 5.200, 5.800 und 6.500 Meter Höhe); das sichert den Empfang für Mobiltelefone auf ganzer Linie. Letzte Meldung: Zum ersten Mal hat es eine Dreizehnjährige nach oben geschafft: die Inderin Malavath Puma. Sie wollte beweisen, dass Armut keine Grenze ist.

Das Mindestalter sinkt rapide. Die 16-jährige Laura Dekker segelte mit ihrem Boot „Guppy" allein um die Welt. Der 16-jährige Brite Lewis Clarke hat als bisher jüngster Mensch den Südpol erreicht. Er war zwar nicht allein, aber eine Strecke von 1.129 Kilometern auf Skiern und mit Lastschlitten bei Temperaturen um 50 Grad minus und Windgeschwindigkeiten von bis zu 190 km/h zu schaffen, ist mehr als cool. Der zwölfjährige indische Schüler Rohan Kokane brachte es als „niedrigster Limbo-Skater" ins Buch der Rekorde. Gleichzeitig schiebt sich die Altersgrenze im Spitzensport unaufhaltsam nach oben. Die 64 Jahre alte Diana Nyad schwamm ohne Haikäfig, aber im Ganzkörperanzug gegen Quallenbisse 170 Kilometer von Kuba nach Key West in den USA und brauchte dafür 52 Stunden.

Geht noch was? Welche Leistungen lassen sich noch steigern, welche Grenzen überschreiten? Fest steht nur eins: The sky is the limit. Die Skala des Menschenmöglichen ist nach oben offen. Das Zeitalter der Außerirdischen beginnt. Der Rekord des Basejumpers Felix Baumgartner wird nicht so schnell zu überbieten sein. Am 14. Oktober 2012 ließ er sich in einer Druckkapsel von einem heliumgefüllten Ballon 38.969 Meter hoch in die Stratosphäre tragen, dort nahm er vermutlich einen Schluck Red Bull aus der Dose, sprang hinaus in die Welt und sauste, angetan mit Schutzanzug und Helm, im freien Fall 31 Kilometer in die Tiefe, ehe er den Fallschirm öffnete und sicher in New Mexico, USA, landete. Während seines Fluges erreichte er eine Geschwindigkeit von 1.357,6 km/h. Damit hatte er seinen eigenen Geschwindigkeitsweltrekord im freien Fall vom Vorjahr mal eben um 500 km/h überboten. Dieser Mensch ist im freien Flug schneller als der Schall.

SPITZENSPORT ALS DARSTELLENDE KUNST Natürlich hatte er eine Kamera dabei. Aufmerksamkeit ist die Leitwährung des 21. Jahrhunderts, Sportarten werden vor der Kamera und für die Kamera als Dramen inszeniert. Sportfotografie ist schnell, zupackend und manchmal auch grausam. Sportreporter lösen aus, egal, was passiert, und wenn etwas schief geht, werden Pannen zum Welterfolg und mit einigem Glück preisgekrönt als Sportfoto des Jahres.

Sportfotos zeigen Emotion, Hochgefühle, Siegestaumel und bittere Tränen, Momente des Glücks und tiefer Verzweiflung. Sie zeigen Menschen, die außer sich sind, die alles geben, zeigen verzerrte Gesichter in höchster Anspannung, Wutausbrüche, aber auch die Schönheit, die hohe Schule der Bewegung, pure Eleganz oder entfesselte Kraft. Sie zeigen den Menschheitstraum vom freien Flug, auf Skiern oder unterm Lenkdrachen, Momentaufnahmen vom Schwebezustand zwischen Himmel und Erde. Fotografie begleitet und dokumentiert die rasante Entwicklung des Sports, seiner Spielarten, seiner Ästhetik, zeigt neue Sehweisen, Farben und Facetten, macht flüchtige Sekundenphänomene zu zeitlosen Dokumenten.

Fotografie und Sport, das ist ein Paarlauf als ästhetisches Programm, werbewirksam, einprägsam und gern bereit, die Realität zu überhöhen, ein Bild so zu inszenieren, dass es als Ikone taugt, als Poster für Branchen, die mit Bildern werben. Neue Sportarten werden durch Bilder und Clips bekannt, die neuen Superhelden brauchen Bilder wie die Luft zum Atmen. Vor allem bei Extremsportarten sind Zielfotos unverzichtbar, als tragfähiger Beweis, dass einer es geschafft hat, allein auf sich gestellt. Nur die Sonne war Zeuge. Und der Fotograf. Oder das Smartphone für das unentbehrliche Selfie. Fast schon tragisch: Es gibt kein Gipfelfoto von Edmund Hillary auf dem Mount Everest. Der Sherpa Tenzing Norgay wusste einfach nicht, wie man eine Kamera bedient. Hillary wusste es, deshalb gibt es ein Gipfelfoto von Tenzing Norgay. So eine Panne wäre heute undenkbar. Wer Großes plant, allein unterwegs ist und jeden Schritt, jeden Sturz, jeden Flug für sich und die Nachwelt dokumentieren möchte, braucht keinen Fotografen mehr. Gopro hilft, keine Heldentat ohne die Kamera auf dem Kopf, die das Ereignis über Facebook, Instagram, Tumblr, Twitter oder Snapshot in die Welt trägt.

DIE BEWEGUNG DER SESSHAFTEN Die Welt des Sports lässt sich in zwei Gruppen unterteilen, die Sesshaften und die Nichtsesshaften. Beide Gruppen sind sehr, sehr groß. Die Nichtsesshaften sind immer in Bewegung, gehen aus dem Haus, um Sport zu treiben, in der Muckibude, auf dem Bolzplatz, auf dem Wasser, zu Lande, in den Bergen oder in der Luft, sie joggen, skaten, spielen, kämpfen, als Profis oder Amateure, sie verwandeln Stillstand in Bewegung. Die Sesshaften sehen dabei zu, vom Sofa aus, in der Kneipe, in der Bar; ihre Augen sind die Satellitenschüsseln, die jedes Stadtbild prägen, Villenviertel, Hochhäuser, Slums. Antennen machen Fassaden fit for fun, WM-tauglich, olympiareif. Bei Großereignissen geraten auch die Sesshaften in Bewegung

Die Leidenschaft ist bei beiden Gruppen groß, die einen riskieren Sportverletzungen, die anderen Herzinfarkt.

Der antike Schaukampf hat in unendlich vielen Formen überlebt, sei es im spanischen Stierkampf, beim Wrestling oder in der Formel 1. „Mit dem Tod musst du leben", sagte Michael Schumacher, Lichtgestalt unter den Wagenlenkern. Wer Blut sehen will, schaut beim Boxen zu; Fußball bringt die Stadien zum Glühen, wie die Allianz-Arena, das moderne Kolosseum in München. Sprechchöre und Pfiffe erinnern an die Zeit, als das Publikum noch Schiedsrichter spielen durfte. Fußball ist Krieg, eine Kesselschlacht für zweiundzwanzig Gladiatoren, die kämpfen, treten und schießen. Dann und wann wird einer vom Platz getragen. Aber er darf weiterleben. Die abendländische Zivilisation trennt zwischen Sport und Mord. Geschossen, gestochen, gewürgt und gestorben wird im Kino, im Fernsehen, in der Playstation. Kolosseum ist überall. Die Befriedigung konsumtiver Mordlust bringt höchste Einschaltquoten und ist eine Wachstumsbranche.

Die Nichtsesshaften wissen, dass Endorphine glücklich machen, aber auch leichtsinnig und süchtig. Die Sportsucht, als zwanghafte Verhaltensstörung diagnostiziert, aber noch nicht anerkannt, kann zu Essstörungen führen (Anorexia athletica); das Streben nach der idealen Figur führt zu Schuldgefühlen, erzwungener Verzicht macht nervös, und die Muskelsucht bei Männern kann zu fataler Abhängigkeit von chemischen Hilfsstoffen führen. In Deutschland soll etwa ein Prozent der Bevölkerung von Sportsucht befallen sein.

Sport ist die größte Massenbewegung der Welt, eine alle soziale Schichten umfassende kulturelle Daseinsform, vergleichbar allenfalls der Kirche des Mittelalters. In den Ritualen, in den Festen, den Fanmeilen, den vielen Formen der Anbetung fehlt zwar der Glaube an eine höhere Macht, aber der Enthusiasmus der Gläubigen kennt keine Grenzen. Die Verehrung der Stars hat Kultcharakter. Sammelbildchen von Fußballspielern dienen als Ikonen, verschwitzte Trikots als Reliquien, Schüsseln und Pokale als anbetungswürdige Monstranzen, bengalisches Feuer macht mehr her als Weihrauch, und machtvoll singen die Jubelchöre. Oh, wie ist das schön.

Sport ist der Mainstream der Popkultur, hat die Wirtschaft durchdrungen. Wettbewerb ist das Leitbild der Konsumgesellschaft, Gewinn und Verlust die Messlatte, und die Marktführer kommen aufs Treppchen. Finanzmärkte treiben Risikosport mit Gewinnern und vielen Verlierern, und die Schiedsrichter rennen hinterher, ohne die Regeln noch zu durchschauen. Ziel der globalen Sportkultur ist es, ganz vorn, ganz oben und möglichst der Erste zu sein. Das ist nicht neu, aber auch in einer Welt, in der heute sieben Milliarden Menschen im Wettbewerb stehen, gilt das archaische Prinzip des Überlebenskampfes. Darwins „Survival of the fittest" ist die ethische Norm einer Gesellschaft, die naturgemäß die Ellenbogen ausgefahren hat und immer wieder archaische Stammesfehden austrägt. Fast immer geht es um Macht und Marktanteile. Sport ist ein Geschäft, das nahezu alle relevanten

Branchen erfasst, vom billigen Müsliriegel über Fanartikel bis zum Speedboot für viele Millionen. Alle stehen auf Sport, und Sport steht überall drauf, auf Schokoladentafeln, Kinderkarren und Taucheruhren. Sportkleidung ist die Uniform des 21. Jahrhunderts. Nike, Adidas und Reebok kleiden ein Millionenheer. Sportmode ist alterslos, alle Welt trägt Jogginganzüge, Basecap und Polohemden, kaum ein Rentner geht ohne Turnschuhe aus dem Haus, und immer mehr Sportwagen werden immer schneller; nie waren die Staus höher motorisiert.

Die meisten Sportarten sind von der Industrialisierung und Kommerzialisierung erfasst. Überwölbt von einer undurchsichtigen Bürokratie, mästet das Verbandswesen eine selbstherrliche Funktionärskaste, die den Fluss der Geldströme nicht selten dorthin kanalisiert, wo keiner mehr durchblickt. Das Gesicht des Leistungssports besteht aus Firmenzeichen. Bandenwerbung, Labels und Logos, wohin das Auge blickt, ein Sieger hat viele Freunde. Imagetransfer rechnet sich. Die Volkslaufbewegung ufert aus. Das Verschwinden des Individuums in der Masse nimmt seinen Lauf, jeder wird zur Nummer, dabei sein ist alles. Die Kommunen treten gegeneinander an, um die Bewegung Hunderter City-Läufe, Triathlons und Stadtmarathons zu fördern. Lautsprecherverstärkte Eventkultur mobilisiert die Städte und sichert lukrativen Beifang für Agenturen und Sponsoren. Und doch fehlt noch etwas: Ist es nicht an der Zeit, den Sport endlich auch in der Verfassung als Staatsziel zu verankern?

Der ehemalige Bundesverfassungsrichter Dieter Grimm hat auf diese immer wieder gestellte Frage eine kluge Antwort: „Sport trägt zum Zusammenhalt der Gesellschaft bei, sät aber auch Zwietracht. Sport fördert die Völkerverständigung, ist aber auch für Nationalismus anfällig. Sport hält zur Fairness an, wird aber auch Anknüpfungspunkt für Gewalt. Sport leistet einen wichtigen Beitrag zur Gesundheitsvorsorge, er ist aber auch Quelle großer gesundheitlicher Schäden und ihrer sozialen Folgekosten. Da es im Sport längst nicht mehr nur um Ruhm, sondern auch um Geld geht, zieht er unlautere Praktiken an. Doping ist nur die sichtbarste."

Ein Gegenbewegung macht mobil, raus hier, weg vom Kommerz, vom Verbandswesen, vom fremdgesteuerten Regelwerk etablierter Wettbewerbe. Junge Sportler suchen die Freiheit in der Wildnis der Städte, sie brauchen keine Siege, keine Medaillen, keine Pokale, nur den Spaß an der Sache, eine kleine Aufmerksamkeit, dann und wann ein Foto, das genügt. Es sind Gaukler, die Erstaunliches leisten, auf dem Skateboard, beim Parcour in schäbigen Industriebrachen oder beim Überschreiten hoch gespannter Schlappseile.

Doch ehe sie sich versehen, ist ihr Spaß Trendsport geworden, Kamerateams halten drauf, Marken hängen sich dran. Die werbende Wirtschaft registriert die wilde Frische des Unverbrauchten, schneller als andere, spürt das Neue. Und so entstehen wieder neue, schönere Bilder, die einen neuen Run auslöser. Stillstand darf es nicht geben.

DAS MONSTER VON NAZARÉ Das gab es noch nie. Der in Hawaii lebende US-Amerikaner Garret McNamara, 46, genannt G-Mac, reitet am 28. Januar 2013 eine mehr als 30 Meter hohe Welle. 100 Fuß! Das hat Hawaii nicht zu bieten. Portugals Monsterwellen sind Langstreckenläufer, folgen 150 Kilometer weit einem tiefen Canyon auf dem Meeresboden, der sich vor Nazaré stark verengt. Wie auf einer Rampe schießen die Wassermassen nach oben, türmen sich hoch. 300 Meter vor dem Strand beginnen sie zu brechen. Aber nicht diese Welle. Tonnenschwer und erschöpft fiel das Monster in sich zusammen, ohne die Zähne zu zeigen. Deshalb ist der Rekordversuch unter Surfern umstritten. Nazaré indes liegt im Sog der Welle, für Surfer ist der Fischerort ein Hotspot. Aus aller Welt kommen die Großmeister unter den Tow-Surfern, die sich von Jetskis in die Dünung ziehen lassen. Wenn sie die Leine loslassen, sind sie schon mehr als 70 Stundenkilometer schnell. Und falls G-Mac wieder aufsteigt, hat sich ein Bezahlsender die Exklusivrechte gesichert.

ANFLUG IM WEISSWASSER Sie surften im Wilkes Pass, dem flachen Riff vor Namotu, mit den idealen Wellen für Rechtshänder. An diesem Tag kamen sie dicht hintereinander, doppelt mannshoch, und ließen es krachen, explodierten in einem Donnerschlag aus Gischt und Sturzseen und warfen die Surfer ins strudelnde Chaos. Sie lachten und schrien, Stuart Gibson richtete die Kamera auf den heranfliegenden Kumpel Ryan Hargrave und löste aus, bevor sie beide vom überschäumenden Weißwasser begraben und an Land geschickt wurden. Dieses etwas andere Surf-Foto, schwarz-weiß, ohne die vieltausendfach in Reisekatalogen und im Sehnsuchtsbusiness bunt geschliffene Ästhetik sonnenbrauner Sixpack-Athleten in perfekt getunnelten Riesenwellen, glänzt nicht, wirbt nicht, zeigt den Unterschied zwischen Pop und Kunst, denn es erzählt eine Geschichte. Vom Fliegen im Strudel der Elemente, vom spielerischen Umgang mit machtvollen Naturgewalten und unendlichem Spaß.

MISTER BUTTERFLY Kopenhagen, Danish Open indledende, Jacob Severinsen aus Viborg kämpft sich durchs Wasser, einer Kraftpaket als Schmetterling. Seine Disziplin: Schmetterlingsschwimmen, Butterfly, seit 1953 vom Weltschwimmverband anerkannt, um zu verhindern, dass Brustschwimmer sich dieser Technik bedienten, um den Wasserwiderstand zu verringern und schneller voranzukommen. Schmetterlingsschwimmen ist die zweitschnellste Schwimmart; der rasante Stil braucht Kraft und Luft. Nach jedem zweiten Zug wird geatmet. Die Beinarbeit ist amphibischer Natur, bis vor einigen Jahren noch nach Art der Frösche im Grätschschlag, heute mehr seeschlangenmäßig, als Ganzkörper-Wellenbewegung (Undulation), auch Delfinwelle genannt, bei der sich der Schwimmer wie Flipper im Delfinarium bewegt. Erlaubt sind nach dem Start 15 Meter mit geschlossenen Beinen im Tauchgang, um dann den Oberkörper im kraftvollen Auf und Ab aus dem Wasser zu schießen. Inzwischen dürfen auch Brustschwimmer auf diese Weise starten und wenden.

READY! SET! GO! Philippinen, Laya, Batangas. Anpfiff und Massenstart zum Tri-United Triathlon. Der Fotograf Grant Orbeta hielt sein Fisheye-Objektiv fast auf Höhe der Wasseroberfläche, um diese dynamische Perspektive der Athleten ins Bild zu bekommen, die am frühen Morgen des 1. Juli 2012 in die Tayabas Bay stürzen, um die erste Etappe (1 Kilometer Schwimmen) zu meistern. Es folgten 30 Kilometer mit dem Rad und 7,5 Kilometer Laufen. Der 20-jährige Nationalsportler Nikko Huelgas braucht dafür anderthalb Stunden. Triathlon, 1920 in Frankreich erfunden, ist eine Sportart subtil gestaffelter Herausforderungen. Eine der härtesten Versionen ist der seit 1978 praktizierte Hawaii-Ironman (3,86 Kilometer Schwimmen, 180 Kilometer Radfahren plus Marathonlauf über 42,195 Kilometer). Der Ultraman schwimmt 10 Kilometer, schafft anschließend mit dem Fahrrad 421 Kilometer und läuft 84 Kilometer. Seit 2000 ist die Kurzdistanz (1,5 km Schwimmen, 40 km Radfahren und 10 km Laufen) olympische Disziplin.

HÖHENFLUG IN SHANGHAI Dass Extremisten in der Volksrepublik China willkommen sind, hat sich längst herumgesprochen. Der Australier Joel Brown zum Beispiel, der bei den World Extreme Games in Shanghai die Zuschauer begeistert, indem er mit kühnen Stunts vor der Skyline der Sonderwirtschaftszone Pudong durch die Luft wirbelt. Was für eine Welt, in der Motorräder fliegen können! Zwar sind internationale Wettbewerbe für Extremsportarten wie die Kia World Extreme Games im Jiangwan Stadion von Shanghai noch eine Randerscheinung im Reich der Mitte, aber immerhin sind rund 200 Sportler aus 30 Ländern angereist, um in den Disziplinen BMX Freestyle, Agressive In-line, Skateboarding, Speed Climbing und Freestyle Motocross (FMX) ihr Können zu zeigen. Joel Brown, australischer FMX-Champion, fürchtet keinen Smog, schießt über die Sprungschanze ins Graue und nutzt die Sekunden bis zur Landung für waghalsige Luftnummern einschließlich Salto rückwärts. Die Tickets kosteten 250 US-Dollar und waren schnell vergriffen.

NORDISCHE KOMBINATION Turin, Olympische Winterspiele 2006. Der Sportfotograf Laci Perenyi erfasste eine himmlische Komposition aus Höhenflug und Wolkendrama; ein schwereloser Moment vor verschleierter Sonne, der vergessen lässt, dass die Skispringer an diesem Tag mit schwierigen Wetterverhältnissen zu kämpfen hatten und die Starts wegen starken Windes mehrfach verschoben wurden. Der Flug ist Teil der Nordischen Kombination, der Königsdisziplin nordischen Skisports aus Sprunglauf, Rennen, Sprint, Staffel und Teamsprint, seit 1924 olympische Disziplin und nur den Männern vorbehalten. Erst wird gesprungen, dann fünf Kilometer gelaufen. Der beste Springer startet zuerst. Der Punkterückstand seiner Konkurrenten wird in einen Zeitrückstand umgewandelt, den sie aufholen können. Sieger ist, wer als Erster durchs Ziel geht. Lange Zeit waren das die Norweger, Erfinder dieses Sports, die bisher mit 13 Goldmedaillen an der Spitze stehen, gefolgt von den beiden und dem wiedervereinigten Deutschland mit acht Goldmedaillen.

UNSCHLAGBARE LÄUFERNATUREN Kenia, Nairobi, Fußballspieler im Kibera Slum. Hier sollen auf zweieinhalb Quadratkilometern eine halbe Million Menschen leben. Wer kann, will hier raus, und Sport ist eine Chance, reich und berühmt zu werden. Seit der Hirtenjunge Abebe Bikila aus Äthiopien 1960 bei den Olympischen Spielen in Rom barfuß über die Via Appia rannte, in nur 135 Minuten die Marathon-Distanz hinter sich ließ und als erster Afrikaner eine Goldmedaille gewann, blickt die Welt auf Ostafrikas Laufwunder. Kenia ist mit 86 olympischen Medaillen Afrikas erfolgreichste Sportnation, Kenianer rennen über 3.000 Meter, 15, 20 und 25 Kilometer, im Halb-Marathon und im Marathon der Konkurrenz davon, kenianische Frauen halten Weltrekorde über 20, 25 und 30 Kilometer und haben fünf der zehn besten Marathon-Zeiten erzielt. Die Wissenschaft sucht nach Erklärungen, warum Ostafrikaner in Ausdauersportarten kaum zu schlagen sind. Eine verblüffende Antwort ist: Ihre Muskeln sind schlanker und brauchen daher weniger Sauerstoff.

CRICKET IN INDIEN Mumbai im Fieber. Der 10. Cricket Worldcup 2011 startet in zwei Wochen. Ein Batsman im Höhenflug; ein Knüppel dient als Schläger, Bretter als Wickets, mehr brauchen sie nicht, um am Strand das Spiel zu machen. Indien ist verrückt nach Cricket. Indiens Cricket-Stadien fassen bis zu hunderttausend Menschen, die Indian Premier League wird im Fernsehen übertragen, mit Cheerleadern, Bollywoodstars und reichlich Werbung, unverzichtbares Cricketainment für eine halbe Milliarde Menschen, Public viewing in Megamärkten, vor Läden und Buden mit Stromanschluss nicht mitgerechnet. Das Faszinosum dieses eigensinnigen Mannschaftssports erfasst vor allem die Menschen in Ländern des ehemaligen britischen Commonwealth und wird als überlegene Kulturleistung gepflegt. Kein Wunder. Das hochkomplexe Regelwerk dieser Abfolge von Werfen, Schlagen und Rennen erscheint den Freunden allgemeinverständlicher Sportarten wie Fußball, Formel 1 oder Tauziehen wie eine Fremdsprache, die sie niemals erlernen.

444
442
Simon
Lafrenière
P
60 min
9h - 21h
LUN À VEN
P
90 min
9h - 17h
LUN À VEN

BRETTER, DIE DIE WELT BEDEUTEN Trois Rivieres, Industriestadt in Kanada. Der Skater Colin Cimon liebt interessante Flugrouten. Die Sportart der sprunghaften Tricks hat den öffentlichen Raum als Spielfeld erobert, eine Subkultur ohne Funktionärs- und Verbandswesen, aber mit einem gut organisierten Netzwerk, das auch Worldcups organisiert. Für die hochkomplexe Vielfalt ihrer Kunststücke haben sich die Skateboarder eine Fachsprache zugelegt, deren Wortschatz sich ständig erweitert und Außenstehenden fremd bleiben muss und soll. Nur so viel sei verraten: Die vordere leicht aufgebogene Spitze heißt „nose“, die hintere „tail“. Und wenn im Skateboard-Jargon vom „assknife“ die Rede ist, dann hat das Board sich aufgebäumt und die Genitalien oder das Gesäß des Sportlers verletzt. Skaten hat seinen Ursprung im Surfen. Warum den Spaß nicht auf Asphalt und Beton verlegen? Die Industrie, vor allem das Mode-Business, hat Witterung aufgenommen. Doch wer das Posing im Designer-Outfit wichtiger nimmt als die perfekten Tricks, gilt als uncool.

PARKOUR IN GAZA Chan Younis im Süden des Gaza-Streifens. Junge Palästinenser trainieren Parkour in den Ruinen israelischer Siedlungen. Parkour braucht keine Geräte, keinen Sportplatz, überwindet Hindernisse im urbanen Raum, als effiziente Kombination von allem, was der Körper kann, Laufen, Springen, Schwingen, Klettern, Fallen, Balancieren, Drehen oder Katzensprung. Erfunden hat die „méthode naturelle" der Franzose Raymond Belle, 1939 in Vietnam geboren, als Fluchttechnik im Dschungelkrieg. Sein Sohn David trug die Methode Anfang der 1980er-Jahre in die Stadtlandschaft Pariser Vororte. Aus spielerischen Verfolgungsjagden der Kinder über Treppen, Tischtennisplatten oder Papierkörbe wurden Hindernisläufe über Mauern, Zäune und Baugerüste. Le Parkour ist nicht wettbewerbsfähig, erobert den urbanen Raum als Kunst im öffentlichen Raum und von Herzen antikommerziell. Doch längst haben Filmemacher und Werbeagenturen die Kunst der Bewegung entdeckt. Läuft super.

ISLAND-HOPPING Griechenland, am Strand der Insel Zakyntos, Schauplatz des „ProBase Shipwreck Boogie 2011", probieren Basejumper ein paar „fun jumps", Luftsprünge nur zum Spaß. Zwei Finalisten stürzen sich von der 200 Meter hohen Klippe, ein dritter, Dimitrios Kontizas, fotografiert, und so entsteht eine der schönsten Fallstudien dieser neuen Trendsportart. Basejumper (deutsch Objektspringer) nutzen große, siebenzellige Fallschirme, je nach Sprunghöhe mit Hilfsschirm zum Öffnen des großen Schirms, springen von Brücken, Windrädern und Felswänden, vom World Trade Center (1975), vom Arm der Christusstatue in Rio de Janeiro (1999) oder im Simultansprung von 30 Springern vom Ostankino-Turm in Moskau (2004). Ein australisches Paar brauchte 22 Tage, um den 6.600 Meter hohen Meru Peak in Indien zu besteigen, und sprang in zwei Minuten hinunter. Der Russe Valery Rozov hält mit dem Absprung vom Mount Everest aus 7.700 Meter Höhe den Weltrekord.

WOLKEN DES GLÜCKS Dieses Bild zeigt pure Lebensfreude, einen Wirbel allerfeinster Schneekristalle, Champagner Powder als furios hingelegtes, selbst gemachtes Schneegestöber, wie es nur Freerider auf Snowboards hinbekommen, den Brettern, die für sie die Welt bedeuten. Vor hundert Jahren kamen sie auf, hießen „Monogleiter", sahen recht merkwürdig aus und verschwanden wieder. Dann tauchten sie erneut auf, Surfer trugen sie von den Stränden ins Hochgebirge und fanden, dass es kaum etwas Schöneres gibt, als in einem schneeweißen Ozean zu surfen, der sich nicht rührt. Anfangs waren die Snurfer in US-amerikanischen Skigebieten nicht gern gesehen, aber es kamen immer mehr. 1988 gab es die ersten Weltmeisterschaften, 1998 waren Snowboards in Sapporo schon bei den Olympischen Winterspielen dabei. Der Kanadier Ross Rebagliati musste die Goldmedaille im Riesenslalom zurückgeben, weil in seinem Urin Spuren von Marihuana gefunden wurden. Das war aber gar nicht verboten. Er bekam die Medaille zurück.

MR. SUPERCOOL ON THE ROCKS Alaska. Ein Mann geht seinen Weg, Gart Curtis, Wintersurfer am Strand von Ninilchik, lässt sich von keinem Blizzard abschrecken und strebt über zugeschneite Eisschollen zu seinem Surfrevier an der offenen See. Wintersurfer sind hart im Nehmen, zwängen sich zum Chillen bei Minusgraden in den schwarzen Ausgehanzug aus Ganzkörpergummi. Zum Winterneo (Neopren 5 mm in der Körpermitte, 3 mm an den Extremitäten), figurbetont, in optimaler Passform und eng anliegend wie eine zweite Haut, gehört eine straffe Halsmanschette und die wasserdichter Haube, damit es nicht irgendwann kalt den Rücken runterläuft. Vermutlich kennt er auch den wärmenden Effekt von Thermo-Unterziehern. Winterhart und doch warmherzig stapft er durch die Kälte, der Mensch als Robbe mit Surfbrett. Ninilchik ist ein besonderer Ort. Er zählt um die siebenhundert Einwohner. Nicht wenige von ihnen sind Nachfahren des wetterfesten Russen Grigori Kwasnikow und seiner Frau Mawra, die hier 1847 von der Kodiak-Insel herüberkamen.

TIEFSCHNEE AM THOMPSON PASS Thompson Pass, Alaska. Für Nick Devore geht es wieder mal abwärts, auch wenn die Lawine neben ihm noch etwas schneller ist. Der Thompson Pass in den Chugach Mountains lockt Extremsportler mit Sinn für Adrenalinausschüttungen. „Je steiler, je geiler", wirbt ein Veranstalter für Heliboarding und Heliskiing. Der Einzelgänger Devore ist von solchen Sprüchen unbeeindruckt. Er siegte in alpinen Freeski-Wettbewerben, zeigte rasante Schussfahrten in Ski-Filmen und Ski-Magazinen und ist als zertifizierter Yoga- und Zen-Meister die Ruhe selbst. Der Extrem-Skifahrer gilt als undogmatischer Telemark-Spezialist. Die Technik für Skispringer, bei der Landung den einen Ski etwas weiter nach vorn und den anderen leicht nach hinten zu versetzen, hat er zur Perfektion entwickelt. Eingehegt von finanzstarken Sponsoren sieht sich der Extremsportler mit der Häkelmütze im Einklang mit sich selbst und der Natur. „Er ist stark wie ein Ochse, selbstbewusst und immer freundlich", beschreibt ihn ein Kollege.

392
LaCapitale.com

NÄRRISCHES TREIBEN Wenn Kanadier Karneval feiern, steigen sie nicht in die Bütt, sondern ins Boot. Statt zu schunkeln, schaukeln sie lieber, schieben, zerren und schleppen Kanus um die Wette oder versuchen, damit wie mit einem Tretroller voranzukommen, ein Bein kniet innen, das andere strampelt außenbords. In Quebéc, beim größten Winter-Karneval der Welt, mit 17 tollen Tagen, Schneebädern, Eisskulpturen und einer Million Besuchern, zählt das Kanu-Rennen über den St.-Lorenz-Strom zu den Höhepunkten. Eine Schiffssirene gibt das Startsignal, die Teams rennen los, schieben ihr vorsorglich eingewachstes Kanu übers Eis ans offene Wasser, springen wie Bobfahrer in vollem Lauf hinein, paddeln wie die Teufel gegen die Strömung, um nicht abgetrieben zu werden, schieben ihre Kanus auf der anderen Seite wieder aufs Eis, die Füße im frostkalten Wasser und sicherheitshalber immer eine Hand am Boot, denn dieser Wintersport ist gefährlich. Nach rund dreieinhalb Kilometern hin und zurück sind sie am Ende ziemlich schole.

POLO AUF HÖCHSTEM NIVEAU St. Moritz, Schweiz. Jahr für Jahr wird auf dem zugefrorenen St. Moritzersee der Polo Worldcup on Snow ausgetragen. Das höchstdotierte Turnier der obersten Spielklasse (High Goal) auf Schnee um die Cartier Trophy ist ein gesellschaftliches Ereignis, geprägt von Champagnerlaune in den Sponsorenzelten und gönnerhafter Anteilnahme des Publikums. Auf stiebendem Schnee rackern die zähesten Polopferde und besten Polospieler der Welt. Gespielt wird mit einem roten, luftgefüllten Ball aus Hartgummi. Das Publikum verfolgt das Spielgeschehen relativ emotionslos; vielleicht liegt es daran: Im Prestige-Turnier der Super-Brands treten Luxuskonzerne und Banken gegen einander an, Team Ralph Lauren gegen Team Sal. Oppenheim, Team AMG gegen Team Cartier. Ein gesellschaftliches Ereignis war Polo schon um 600 v. Chr. im alten Persien. Britische Kavallerie-Offiziere brachten das Spiel aus Indien nach Großbritannien, fünfmal war Polo zwischen 1900 und 1936 olympische Disziplin. Aber kein Marketing-Event.

4
AMG
2

DIE WEISSE HÖLLE Unter den Sportnationen hat Frankreich die Industrialisierung seiner Naturlandschaften am resolutesten vorangetrieben. Tourismus und Sport sind Wachstumsbranchen mit hohem Potenzial und die französischen Alpen auch noch mitten im Juli ein beliebtes Wintersportziel, wenn man das Mountainbike-Rennen „Mountain of Hell" dazurechnen will, bei dem 500 Radsportler vom schneebedeckten Gletscher Dome de la Lauze in Les Deux Alpes in 3.400 Meter Höhe zum Höllenritt in die Tiefe starten. Dass die Piste nach wenigen Hundert Metern in Schneematsch und dann in karges Gelände aus Stein und Schotter übergeht, macht den Reiz dieser Sportart aus. Das Foto ist eine Auftragsarbeit des „stern", für den der Fotograf Berthold Steinhilber in einer Reportage die teilweise Entvölkerung und die Naturzerstörung der Alpen durch Tourismus und Klimawandel unter dem Titel „Der Alptraum" dokumentierte. Beim World Press Photo Award 2009 erhielt er für dieses Bild den zweiten Preis in der Kategorie Sports Features Single.

GOLDRAUSCH IN SOTSCHI Freudentaumel beim Deutschland-Team. Andreas Wellinger, Andreas Wank, Marinus Kraus und Severin Freund kugeln sich vor Glück. Die Vier haben bei den Olympischen Winterspielen in Sotschi am 17. Februar 2014 die Goldmedaille im Skispringen gewonnen, und das war ein kleines Wunder. Am Abend zuvor war die Stimmung im Keller. Severin Freund, beim Springen von der Großschanze nur Vierter und den Tränen nahe, musste vom Bundestrainer Werner Schuster getröstet werden; der 19-jährige Andreas Wellinger war geschockt von einem deprimierenden Rang 45, bei Andreas Wank, 26, hatte es auf der Normalschanze immerhin noch für Platz zehn gereicht, und nur der 23-jährige Marinus Kraus konnte mit seinem Olympia-Debüt zufrieden sein (Platz sechs auf der Großschanze). Sie haben den Sprung geschafft, mit Bravour, als „fliegende Selbsthilfegruppe“, wie im Tagesspiegel zu lesen war. Für Severin Freund ein Neustart in die Glückseligkeit. 26 Tage später wurde er im tschechischen Harrachov Skiflug-Weltmeister.

SOCHI 2014
11
uvex

FLUGSCHULE FÜR SPITZENSPORTLER Oberwiesenthal 1990. Jens Weißflog, Olympiasieger im Skispringen bei den Winterspielen von Sarajewo 1984, Weltmeister, Sieger im Gesamtweltcup und bei der Vierschanzen-Tournee, beim Trockentraining in einer Turnhalle. Stefan Warter fotografierte den Spitzensportler, wie er mit einem Brettchen die aus Turnbänken zusammengebaute Rampe hinunterfuhr und formvollendet zum Flug in die Schaumstoffgrube abhob. Oberwiesenthal ist sein Zuhause, hier besuchte der „Floh vom Fichtelberg" als Mitglied des SC Traktor die Kinder- und Jugendsportschule. Er siegte als 19-Jähriger in der Vierschanzentournee und flog zwölf Jahre lang ganz vorne mit. Deutschlands erfolgreichster Skispringer gewann 1994 bei den Olympischen Spielen in Lillehammer zwei Goldmedaillen auf der Großschanze und mit der Mannschaft. 1996 trat er nach seinem vierten Gesamtsieg bei der Vierschanzentournee vom Leistungssport zurück. Ein Planetoid trägt seinen Namen. „Weissflog" bewegt sich zwischen Mars und Jupiter um die Sonne.

DIE KINDER VON RIO Das reine Vergnügen. Kinder spielen Tischtennis auf einer Platte, die sie irgendwo gefunden haben, Alltag in Rozinho, mitten in Rio de Janeiro. Die größte Favela Lateinamerikas, ein von Drogenbanden, Kriminellen und auch von der Polizei terrorisiertes Elendsviertel, kam jahrzehntelang nicht zur Ruhe. Wie Schlingpflanzen (favelas) überwuchern die Wohnviertel der Armen brachliegende Flächen und Berghänge, errichtet aus Wellblech, Pappe und Kistenholz, Plastikplanen und Paletten, ein fragiles, höchst unsicheres Konstrukt des Zusammenlebens. Und doch gelang mit den Jahren das schier Unlösbare: Rozinho, das unregierbare Konglomerat illegal errichteter Hüttendörfer, wurde zu einem respektablen Stadtteil für eine Viertelmillion Menschen mit Wasseranschluss, Stromversorgung und relativer Sicherheit, eine Mustersiedlung kreativer Architektur aus dem Nichts in Hanglage mit herrlichem Blick über die Stadt. Nachts fallen immer noch Schüsse. Aber am Tag kommen schon mal Touristen und staunen.

DAS LEBEN GEHT WEITER Haiti, Port-au-Prince. Januar 2011. Als dieses Bild entstand, war der Schock noch allgegenwärtig. Der Bolzplatz war mal ein Haus, die Jungen spielen in der Ruine eines Gebäudes, das beim Erdbeben am 12. Januar 2010 zerstört wurde. Das schwerste Beben in der Geschichte Amerikas dauerte eine Minute und hatte die Stärke 7,0 auf der Richterskala. Hänge rutschten ab, rissen die Hütten der Armen mit sich und begruben sie unter Bergen von Schutt; mehr als 250.000 Wohnungen stürzten in sich zusammen, Kirchen, Krankenhäuser, Schulen, Verwaltungsgebäude und der Präsidentenpalast. Die Zahl der Todesopfer zu ermitteln war nicht möglich; vermutlich waren es mehr als 300.000 und mindestens ebenso viele Menschen waren verletzt, fast zwei Millionen obdachlos. Rund acht von zehn Millionen Menschen im ärmsten Land der westlichen Hemisphäre leben von weniger als 2 US-Dollar am Tag, fünf Millionen haben weniger als einen Dollar, um satt zu werden. Was bleibt, ist dann oft nur ein Spiel am Abgrund.

SPARTANS
30
NORTH
31
NORTH
5
CAROLINA

NAVY CUT Platz genug für ein packendes Finale. Adreian Payne von den Michigan State Spartans versucht, John Henson von den North Carolina Tar Heels (Teerhacken) am Korbwurf zu hindern. Mit diesem Spiel auf dem mit blankem Parkett belegten Flugdeck des Flugzeugträgers USS Carl Vinson startete am Veterans Day, dem 11. November 2011, die NCAA Carrier Classic College Basketball-Liga, die künftig ausschließlich auf Flugzeugträgern der US-Navy ausgetragen werden sollte. Unter den 8.111 Zuschauern war auch Präsident Obama mit seiner Familie. Normalerweise operiert der atomgetriebene Flugzeugträger der Nimitz-Klasse in Krisengebieten der Weltmeere, wäre aber mit seiner Länge von 333 Meter und fast 77 Meter Breite auch als Spielfeld für Fußball (110 mal 75) geeignet. Allerdings fehlte dann an den Seiten der Platz für Tribünen. Leider sind Sportveranstaltungen im strategischen Konzept der US-Navy die Ausnahme. Auch der Basketball-Klassiker erwies sich als Blendgranate. Weitere Turniere sind nicht geplant.

MONTRÉAL
NISSAN
RONA
LCF
CHAMPIONS

JUBEL FÜR DIE LERCHEN Die Alouettes (Lerchen) von Montreal können jubeln. Und wie! Im Endspiel der Canadian Football League (CFL) haben sie 2010 in Edmonton die Saskatchewan Roughriders bezwungen und zum fünften Mal den begehrten Grey Cup gewonnen. Die Trophäe, 1909 von seiner Lordschaft dem Vierten Earl Grey, Generalgouverneur Kanadas, für das beste Amateur-Rugby-Team gestiftet, wanderte mit der Zeit zum Canadian Football, einer Variante des American Football. Der aus dem englischen Rugby hervorgegangene Mannschaftssport wurde zuerst in Harvard, Princeton und Yale, den heutigen Elite-Unis im Nordosten der USA, gespielt, beinhart, brutal und nicht die Spur akademisch. Die Studenten kämpften ohne Helm, Shoulder Pad oder Full Force Hose um Raumgewinn und Ballbesitz; es gab keine neutrale Zone zwischen den Linien, keinen Schutz für die Gladiatoren. Allein im Jahr 1905 starben 18 Spieler. Seither hat sich in den Sicherheitsstandards vieles geändert. American Football ist die mit Abstand populärste Sportart in Nordamerika.

FRAUEN UNTER SICH Kennessaw, Georgia, USA. Die Neuseeländerin Portia Woodman sagt der Irin Aoife Doyle auf robuste Art ins Gesicht, dass sie sich von ihr nicht den Ball nicht abnehmen lassen wird. Und so endete das Spiel bei den IRB Women's Sevens World Series wie erwartet mit einem klaren Sieg für Neuseeland, den Weltmeister im Frauen-Rugby: 36:7. Frauen wird oft nachgesagt, dass sie sich in Konfliktsituationen intelligenter als Männer verhalten, ausgleichend, anpassungsfähig und einfühlsam. Beim Rugby kämpfen sie wie die Kerle, hart, kompromisslos und durchsetzungsfähig. Neuseelands Rugbyspieler tragen vorzugsweise Schwarz, eine Black-Power-Bewegung. Portia Woodmann gehört zu ihren Leitfiguren. Die herausragende Spielerin hat internationale Erfahrung, ein Kämpferherz und Rugby-Gene. Ihr Vater und ihr Onkel spielten schon in der Rugby-Nationalmannschaft. Und als Kind war sie schon früh dabei. Als einziges Mädchen in der Mannschaft lernte sie früh, sich gegen die härtesten Jungs durchzusetzen.

DER GROSSE WURF Santos, Brasilien. Heidi fliegt mal wieder. Heidi Løke, norwegische Handballspielerin, lässt im Spiel gegen Montenegro zwei ratlose Gegnerinnen hinter sich und knallt den Ball ins Tor. Die Partie endet knapp, mit 28:27 Toren. Norwegen wird Weltmeister und Heidi Løke Welthandballerin des Jahres. 1982 geboren, spielte als Kind gern Fußball, entdeckte mit zehn Jahren den Handball und war nicht mehr zu stoppen, ein herausragendes Talent. 2007 brachte sie einen Sohn zur Welt, kam danach aber beim Larvik Håndballklubb schnell wieder ins Spiel. Mit 216, 204 und 221 Toren pro Saison wurde sie dreimal hintereinander Torschützenkönigin der norwegischen Elite-Serien. Sie wechselte zum ungarischen Verein Győri ETO KC, der mit ihr Pokalsieger, zweifacher ungarischer Meister und Sieger in der EHF Champions League wurde. Mit Heidi Løke wurde Norwegen 2008 und 2010 Europameister und 2011 Weltmeister. Im Jahr drauf folgte die Goldmedaille bei den Olympischen Spielen in London.

STEEDEN
Wendy's

KRIEGER GEGEN RÄUBER Auckland, Neuseeland. Lagi Setu von den Raiders greift nach dem Trikot von David Fusitua von den Warriors. Bei den Auckland NRL Nines im Eden Park kämpfen 16 Mannschaften um die neuseeländische Rugby-Meisterschaft, und weil Rugby ein Sport ist, bei dem es ruppig zugeht und es eigentlich kein Halten gibt, sind Spielwitz und Körpereinsatz gefragt. Die Hersteller von Rugby-Trikots verwenden natürlich reißfeste Materialien, aber David Fusitua sieht nicht aus wie jemand, der sich in Sorge um seine Oberbekleidung stoppen lässt. Immerhin spielt der 19-Jährige schon seit zwei Jahren für die Warriors, die Krieger, und also ist er auch einer. Er war auch schon bei den Junior-Kiwis dabei. Lagi Setu, sein Verfolger, bringt nicht nur Kampfgeist, sondern auch 105 Kilogramm auf die Waage und ins Spiel. Es ist schwer, sich ihm zu entziehen, dem Menschenfänger, der zwei Jahre lang als Missionar für die Kirche der Heiligen der Letzten Tage unterwegs war, ehe er bei den Canberra Raiders anheuerte.

ARABISCHER FRÜHLING Libyen, Tripolis. Seit der Revolution 2011 kommt die Breakdance-Szene ans Licht, zarte Blüte einer autonomen Jugendkultur, aus dem Underground gewachsen, ohne Zensur und außer Kontrolle. Hip-Hop und Breakdance gelten als unverdächtige Form des Widerstands und in einer Stadt ohne Clubs und Szenetreffs sind sie eine Art Freiheitsbewegung. Noch sind öffentliche Breakdance-Festivals, wie dieses im März 2014, die Ausnahme. Claudia Wiens hat den jungen Libyer bei seinen Footworks fotografiert. Der artistische Tanz in Bodennähe erfordert ein hohes Maß an Disziplin und der Balanceakt beim Freeze, dem Einfrieren einer bizarr schwierigen Position, ist wesentlich stabiler als die politische Lage. Breakdance, in den Ghettos der südlichen Bronx in New York entstanden, hat längst die Welt erobert, als radikale Form des Bodenturnens mit Musik, frei von Dogmen, staatlicher Kulturförderung und möglichst jedem Kommerz. Und beim Battle gibt es keine Toten, sondern Beats und eine gute Show.

JUGEND TRAINIERT FÜR OLYMPIA Vietnam. Im Nationalen Sportzentum von Hanoi zeigt sich ein junger Turner am Pferd in Topform, ein Eimer sorgt dafür, dass die Füße eng verbunden und die Beine fest geschlossen sind, eine Trainingseinheit auf dem Weg zur vollendeten Form. Noch zählt Vietnam nicht zu den maßgebenden Sportnationen. Im ewigen Medaillenspiegel steht es mit zwei Silbermedaillen für Leichtgewichte auf Platz 95 (Sidney 2000: Taekwondo für Frauen bis 57 Kilo; Peking 2008: Gewichtheber bis 56 Kilo). Pferde mit Holzbeinen dienten schon im Altertum als Übungsgerät für Krieger, die damit Auf- und Absitzen üben konnten, ohne dabei ein Tier nervös zu machen. Turnvater Jahn führt dann das Sportlichschwingen ein und nannte das Gerät Schwingel. Heute geben die Griffe (Pauschen) Halt für eine korrekte Bezeichnung Pauschenpferd. In der Kür müssen alle Teile des Pferdes, also die Mitte und beide Enden, beturnt werden. Und im Unterschied zur Kavallerie auf hohem Ross gilt: Nur die Hände dürfen das Pferd berühren.

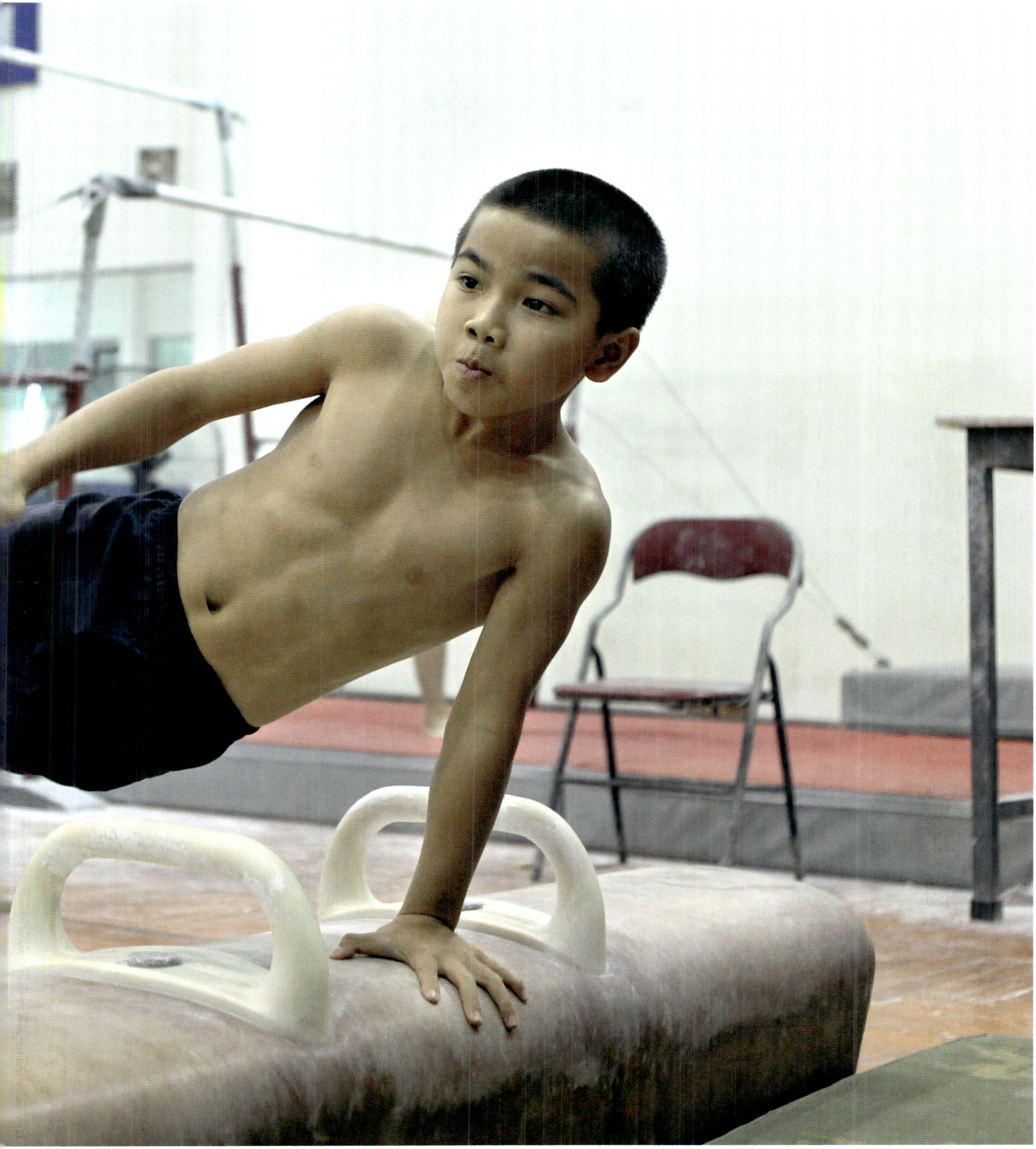

SEILSCHAFT AUS ISRAEL Olympische Sommerspiele Beijing 2008, die israelischen Olympiateilnehmerinnen in attraktiver Verstrickung. Was Alona Dvornichenko, Katerina Pisetsky, Maria Savenkov, Rachel Vigdorchick und Veronika Vitenberg verbindet, ist nicht nur das Seil, sondern auch intensives Training und die Hoffnung auf eine Medaille im Wettbewerb der Rhythmischen Sportgymnastik. Doch es reichte nur für Platz sechs. Russland holte wie immer Gold, China Silber und Weißrussland Bronze. Rhythmische Gymnastik, die rasanten Übungen mit Reifen, Seil, Ball, Band oder Keule zu Musik, sind eine Spätfolge körperlicher Ertüchtigung des frühen 19. Jahrhunderts. Seit 1984 bei Olympischen Sommerspielen ständig dabei, steht die Sportart im Verdacht, athletisch anspruchsvoll, aber leider überhaupt nicht objektiv bewertbar zu sein. Die Preisrichterinnen vergeben A-Noten für die technische Schwierigkeit und B-Noten für die Choreografie mit maximal je 10 Punkten, trennen also immerhin das Sportliche vom Künstlerischen.

SHAOLIN FÜR MÄDCHEN Volksrepublik China, Dengfeng in der Provinz Henan. In der Shaolin-Kung-Fu-Schule für Mädchen lernen Kinder kämpfen. Sprungübungen gehören dazu und eine harte Schule mit wenig Schlaf, Training schon vor Sonnenaufgang, militärischem Drill und anhaltendem Druck. Die „Drachenmädchen" lernen, sich als Individuum im Kollektiv zu integrieren. Die Schule gehört zum Yongtai-Tempel, gegründet 495, Keimzelle des Chan- und des Zen-Buddhismus und des buddhistischen Mönchsordens der Shaolin, die berühmt für ihre Kampfkunst waren, aber weniger Mord und Totschlag im Sinn hatten als die Entwicklung der Persönlichkeit in der Meditation. Die Kampfmönche bildeten zeitweise eine eigene Armee, wurden aber immer wieder vertrieben und aufgelöst. Auch Maos Kulturrevolution fegte sie hinweg, Doch verschwunden waren sie nie. Das Kloster diente der Fernsehserie Kung Fu mit David Carradine als Location. Chinesische Kampfkunst kommt gerade als sportives Element der buddhistischen Praxis schwer in Mode.

HAND IN HAND Die Ruderer des Deutschland-Achters zeigen dem Fotografen Manfred Steffen ihre Hände; Blasen und Schwielen sind Ehrenzeichen dieses Ausdauerkraftsports. Bei einem 2.000-Meter-Rennen, das im günstigsten Fall 5 Minuten und 45 Sekunden dauert, sind die letzten 200 Meter eine Qual. Der Deutschland-Achter, Flaggschiff des Deutschen Ruderverbandes, dreifacher Olympiasieger und elffacher Weltmeister, ist ein Erfolgsmodell. Was so harmonisch im Gleichtakt übers Wasser gleitet, ist das Resultat eines knallharten Ausleseverfahrens. „Harmonie passt nicht zum Spitzensport", sagt Trainer Ralf Holtmeyer kühl. Nur Konkurrenz bringt Erfolg. Keiner hat seinen Platz sicher. Von achtzehn Mann, die monatelang gemeinsam trainieren und in Zweierbooten gegeneinander antreten, werden am Ende nur acht das Rennen machen. Viele ehemalige Ruderer sind heute Firmenchefs. Gelegentlich kommen Scouts großer Unternehmen auf der Suche nach Männern, die wissen, wie man mit bedingungslosem Einsatz vorankommt.

AUSDAUERSPORT Die Meisterschaft vollkommener Reglosigkeit ist das Resultat einer in Jahrhunderten entwickelten Fähigkeit geistiger und physischer Selbsterfahrung, die nur durch geduldiges Training zur Erleuchtung führt. Der polnische Fotograf Tomasz Gudzowaty hat dieses Bild in sich ruhender Yogis in Indien fotografiert. Seine Schwarz-Weiß-Fotoessays über Randsportarten wurden vielfach preisgekrönt. Yoga ist zwar kein klassischer Wettkampfsport, aber wenn die berühmtesten Yogis des Landes zum Kumbh Mela anreisen, der größten religiösen Menschenversammlung der Welt, die in fünf Varianten alle drei, sechs, zwölf oder alle 144 Jahre gefeiert wird (2013 kamen rund 30 Millionen Menschen), dann treten auch die verschiedenen Yoga-Schulen gegeneinander an und die Meister zeigen in mehreren Altersklassen einzeln oder in Teams ihre Kunst. „Während der Übungen sollte der Yogi seinen Geist und seine innere Zufriedenheit zeigen", heißt es im offiziellen Regelwerk der Nationalen Yoga-Föderation.

॥ ॐ ॥
जी की भेंट है।

KRAFTRAUM FÜR KÄMPFER Im Akhaara in Mumbai warten junge Ringer auf ihre nächste Trainingseinheit. Ihre Kampfkunst heißt Kushti, eine traditionelle indische Form des Wrestlings, die seit dem fünften Jahrhundert starke Männer hervorbringt und eine Art klösterliches Zusammenleben kultiviert. Die Ringer schlafen, essen und trainieren unter einem Dach in rigoroser Askese: Rauchen, Sex und Alkohol sind tabu. Sie führen ein einfaches Leben, ernähren sich vegetarisch und stehen wegen der großen Hitze früh auf, um zu trainieren. Sie laufen (bis zu 16 Kilometer), üben Klimmzüge, klettern, Sprünge und Gewichte heben; in ihrer Vorstellung von Bildung steht Muskelbildung weit oben. Der Kampfanzug, ein Gemisch aus Lehm, Wasser, rotem Ocker, Buttermilch und Öl wird auf die nackte Haut aufgetragen. Kushti ist vom Aussterben bedroht, weil diese Art von Erdkampf beim Militär nicht mehr gebraucht wird und viele Athleten es zeitgemäßer finden, in modernen Trainingscentern ihren Gegner auf die Matte zu legen.

RIO STEMMT OLYMPIA Wohin mit der Kraft? In der Favela Rocinha in Rio de Janeiro üben die Jungs mit Gewichten. Sozialprogramme und Sportförderung sollen Jugendliche, die ohne Perspektive aufwachsen, vom Teufelskreis aus Drogen, Gewalt und Bandenbildung befreien. Seit Rio als erster Stadt Lateinamerikas die Ausrichtung Olympischer Spiele (2016) zugesprochen wurde, gerät das Land in Bewegung. Fußball und Beachvolleyball sind nicht alles. Auch Gewichtheben ist olympische Disziplin. Zahlreiche ausländische Trainer wurden verpflichtet, um die Sportnation für das Ereignis fit zu machen. Ein Däne trainierte die Frauen-Handballnationalmannschaft, die bei der WM in Serbien den Titel holte. Kubaner beraten die Leichtathleten, ein US-Amerikaner die Schwimmer, ein Niederländer die Hockeyspieler, ein Serbe die Wasserballmannschaft und ein Neuseeländer das Rugbyteam. Bei den Olympischen Spielen in London lag Brasilien mit 15 Medaillen auf Platz 22 in der Nationenwertung. Diesmal will die Sportnation zu den Top Ten gehören.

EIN SCHWERER BROCKEN London, Olympische Spiele 2012. Matthias Steiner stemmt für Deutschland, scheitert beim Versuch, 196 Kilogramm zu reißen, und wird von der Hantelstange im Genick getroffen. Er bricht ab. Ein Jahr später erklärt er das Ende seiner Laufbahn als Sportler. Der gelernte Installateur aus Österreich zeigte früh beachtliche Stärke. Bei den Olympischen Spielen in Athen brachte es der 22-Jährige mit 182,5 Kilo im Reißen und 222,5 Kilo im Stoßen auf Platz sieben. Danach geriet er mit den österreichischen Funktionären in Streit, die Leistungen fielen ab, bis er Jenny traf, im sächsischen Zwickau. Sie heirateten. Er beantragte die deutsche Staatsangehörigkeit. Doch das Glück endete jäh. Seine Frau starb bei einem Autounfall. Drei Jahre lang ruhte sein Antrag; erst 2008 durfte er für Deutschland starten. Mit 200 Kilo im Reißen wurde er Europameister. Bei den Olympischen Spielen in Beijing holte er Gold (203 kg Reißen, 258 kg Stoßen). Den Sieg widmete er unter Tränen seiner verstorbenen Frau.

KOPFSTAND DER WELTMÄCHTE Saba Khubetzhty, Russische Föderation, und David Taylor, USA, Freistilringer der 74-Kilo-Klasse, zelebrieren beim Wrestling Event Rumble on the Rails in der Vanderbilt Hall des Grand Central Terminal in New York die Kunst der „balance of power“. Für einen Sekundenbruchteil ist der Machtkampf athletischer Großmächte ein Gleichgewicht der Kräfte. Am Ende liegt Russland auf der Matte. Ringkampf, die älteste Sportart der Welt, wäre fast vom Olympischen Komitee aus der Liste der Wettbewerbe für 2020 gestrichen worden, ist aber nun doch nach vielstimmigen Protesten wieder dabei. Der Kampfsport begeistert weltweit ungefähr zehn Millionen Menschen, wie das Committee for the Preservation of Olympic Wrestling herausgefunden hat, und kann auch mildtätigen Zwecken dienen. In New York spülte das Event rund eine Million Dollar in die Kassen der Initiative Beat the Streets, die Tausende Kinder und Jugendliche für faires Miteinander-Ringen begeistern will.

TOUCHÉ! Warschau, Oktober 2013. Säbelfechten im Rollstuhl, Stefan Makowski und Karol Lademann sind ein ungleiches Paar. In der Arena Ursynów kämpfen Behinderte gegen eine Auswahl der polnischen Streitkräfte und liefern den Beweis, dass sie in dieser Sportart nicht unterlegen sein müssen. Es ist ein Kampf auf Augenhöhe und es gibt keine Ausfälle und kein Zurück, denn auch die Soldaten müssen mit einer Behinderung zurecht kommen: Beim Rollstuhl-Fechten, seit 1960 paralympische Sportart, sind die Rollstühle in einem Winkel von 110 Grad zur Mittellinie am Boden befestigt, die Fechter dürfen sich nicht erheben, die Füße ihre Position nie verlassen, eine Hand hält sich am Rollstuhl fest, die andere führt den Säbel (oder Florett und Degen). Also konzentriert sich alles aufs schnelle Reaktionsvermögen. Piotr Dymus' Foto dieser dramatischen Szene ging um die Welt. Beim jährlichen Wettbewerb World Press Photo wurde es mit dem dritten Preis in der Kategorie Sportfoto des Jahres ausgezeichnet.

TRÄNEN LÜGEN NICHT London, Olympische Sommerspiele 2012, Halbfinale im Degenfechten. Ein Drama. Die Südkoreanerin Shin A Lam hatte die Maske abgenommen und wartete unter Tränen auf das Urteil der Preisrichter. Im Kampf um die Bronzemedaille hatte die Deutsche Britta Heidemann in der Wertung zurückgelegen, sie brauchte einen Treffer, um zu gewinnen, attackierte Shin A Lam und traf schließlich mit einem Sprungstoß buchstäblich in allerletzter Sekunde. Shin A Lam traf aber auch, die Degen hatten die grüne und die rote Lampe gleichzeitig ausgelöst, also für beide einen Treffer angezeigt, was beim Degenfechten nicht selten vorkommt. Das Kampfgericht hatte die Deutsche trotzdem zur Siegerin erklärt. Es kam zu Tumulten, Shin A Lam schrie auf, weinte, zitterte vor Erregung. Ihr Trainer legte gegen die Entscheidung Protest ein. Als Zeichen ihres Protests blieb sie auf der Planche sitzen. Nach fast einer Stunde wurde die Entscheidung verkündet: Einspruch abgewiesen. Schluchzend verließ Shin A Lam die Halle.

SCHMETTERBALL IN SHANGHAI Shanghai. Die Chinesin Guo Yan, 2011 beste Tischtennisspielerin der Welt, fixiert den Ball, den sie gleich über den Tisch schmettern wird. Weil die Zeit zwischen zwei Ballkontakten weniger als 0,3 Sekunden beträgt, gilt Tischtennis als schnellste Rückschlagsportart. Unmittelbar nach dem Schlag schießt der Ball mit einer Geschwindigkeit von bis zu 180 km/h über den Tisch. Tennisbälle kommen sogar auf 250 km/h, beim Badminton wurden schon 493 km/h gemessen, aber bei keiner Sportart muss die Flugbahn des Balles so schnell erfasst werden. Die Reaktionszeit des menschlichen Auges liegt bei 0,2 bis 0,3 Sekunden, nur wer die Bewegungen des Gegners beobachtet und die voraussichtliche Flugbahn antizipiert, trifft den Ball. In der Volksrepublik China ist Pingpong Nationalsport Nummer eins. Kinder lernen das Spiel meist schon mit vier Jahren, und 60 Millionen Chinesen sind in Firmenmannschaften aktiv. Wer nicht spielt, sieht fern. Da wird live geschmettert, mehr als 1.850 Stunden pro Jahr.

DIE KÖNIGE DER LEICHTATHLETIK Tokio 1991. Leichtathletik-WM. Der Zehnkämpfer Christian Schenk wirft den Diskus. Der Modellathlet, Sohn eines DDR-Meisters im Hürdenlauf, wurde schon als Kleinkind trainiert und gewann 1988 als Zehnkämpfer für die DDR in Seoul olympisches Gold. Die Königsdisziplin der Leichtathletik verlangt fast Übermenschliches: Zehnkämpfer müssen an zwei Tagen in zehn Einzelkämpfen Höchstleistungen abliefern: 100-Meter-Lauf, Weitsprung, Kugelstoßen, Hochsprung und 400-Meter-Lauf am ersten, 110-Meter-Hürden, Diskuswerfen, Stabhochsprung, Speerwurf und 1.500-Meter-Lauf am zweiten Tag. In Tokio kam Schenk auf den dritten Platz. 1994 beendete er seine Sportkarriere, gründete eine Agentur für Sport- und Gesundheitsmarketing und entwickelte ein Bildungsprogramm für Schüler: Erkenne Deine Stärken (EDS). Eine besondere Stärke des Multitalents Schenk ist Legende. Kein Zehnkämpfer sprang bisher so hoch wie er: 2,27 Meter, und das bäuchlings, im Wälzsprung, einer Technik, die niemand heute mehr kennt.

DAS REGELWERK DER POESIE Olympische Winterspiele in Sotschi 2014, Eiskunstlauf für Paare. Der Fotograf Mathias Hangst hat die Bewegung einer Pirouette in einen farbigen Wischer verwandelt, ein Drehmoment ohne Schärfe. Paarlauf im Eistanz, das sind Harmonie und vollkommene Schönheit im Einklang mit Musik auf sportlich höchstem Niveau und nach einem erstaunlich festgefügten Regelwerk: Der Herr soll seine Fähigkeit zum Führen und die Dame ihre Fähigkeit zum Folgen zeigen. Jeder Partner muss mindestens einen Schlittschuh auf dem Eis haben, ausgenommen, die Dame wird gehoben. Die Partner dürfen nicht länger als fünf Sekunden getrennt laufen. Es ist nicht erlaubt, auf dem Eis zu sitzen oder zu liegen, mit den Händen auf dem Eis zu laufen, die Partnerin zu schleudern oder sie so zu heben, dass der Kopf nach unten zeigt und die Beine gespreizt sind. Bewertet wird sogar das Spurenbild, das die Schlittschuhe auf dem Eis hinterlassen. Es gibt wohl keine Sportart, die ihr Publikum so verzaubert, ausgenommen die Jury natürlich.

ARINA STAUNT Als Arina Charopa aus Weißrussland den Ball zwischen ihren Füßen betrachtet, ist sie 17 Jahre alt und mitten in der Qualifikation zu den ersten Olympischen Jugendspielen in Singapur 2010. Wie ist es Menschen möglich, sich so zu verbiegen, dass der eigene Po den Hinterkopf berührt, und sich dabei mit aufgestützten Armen wie beiläufig auf den Ballbesitz zu konzentrieren? In der Rhythmischen Gymnastik zeigen Athleten ihre Wandlungsfähigkeit, präsentieren Kraftakte in scheinbarer Mühelosigkeit und Eleganz. In Singapur gewann Arina Charopa die Silbermedaille und abermals Silber 2012 (Reifen und Gesamtwertung) beim Grand-Prix-Finale in Brno. Fortan war sie ständig unterwegs. 2013 Moskau Grand Prix (Platz fünf), Weltmeisterschaften in Lissabon und Bukarest, Europameisterschaften in Wien, Reisen nach Cali in Kolumbien, Los Angeles, Tallin in Estland, Debrecen in Ungarn, Holon in Israel und wieder Lissabon. Unentbehrliches Requisit für Rhythmische Gymnastik ist der Koffer, aus dem man lebt.

JAPAN

DIE NIXEN AUS NIPPON London, Olympische Spiele 2012, das japanische Team ist zum Synchronschwimmen abgetaucht, zur Medaille reicht es diesmal nicht. Seit der Jahrtausendwende sind die Russinnen ohnehin nicht mehr zu schlagen. Das Kunstschwimmen zu Musik verbindet Höchstleistung mit Atemtechnik, Musikalität und Rhythmusgefühl. Das anziehende Wesen der Wassernymphen und Meerjungfrauen, aus Goethes Versen und Schubertliedern nur zu vertraut, ist schon aus der Antike überliefert. Als Reigenschwimmen oder Wasserballett seit Ende des 19. Jahrhunderts wurde es Teil der Eventkultur. In München drängten die Isarnixen in die bisher von Mannsbildern beherrschte Unterwasser-Schwimmkunst. Bald vertrieben weibliche Reigenschwimmgruppen die Männer aus den gläsernen Showtanks. In den 1950er-Jahren wurde den Herren dieser Sport schlicht untersagt. Seit 1984 ist Synchronschwimmen olympische Sportart. Seither kämpfen die Nixen in vier Disziplinen: Solo, Duett, Gruppe und Kombination. (Bei der Kür bitte ohne Brille und Badekappe.)

RUSSLANDS GOLDEN GIRLS Rom, Schwimmweltmeisterschaften 2009. Die Synchronschwimmerinnen aus Russland sind unschlagbar. Seit 1996 haben sie achtmal olympisches Gold geholt. In Deutschland dürfen auch Männer synchron schwimmen, aber nach den Regeln der FINA, dem internationalen Dachverband für Freiwasserschwimmen, Wasserball, Wasserspringen und Synchronschwimmen, sind in dieser Disziplin nur Frauen zugelassen. Trotz fehlenden Bodenkontakts und Luftmangels machen sie eine gute Figur. Schwimmbrillen sind verboten, Badekappen nicht erwünscht. Die Haare werden hochgesteckt und mit gekochter Gelatine verklebt. Synchron sind beim Kunstschwimmen Bewegung und Musik, aber auch die Bewegungsabläufe der Sportlerinnen untereinander. Insofern besteht ein Unterschied zum meist von Männern ausgeübten Synchronmarschieren nach Musik, das vor allem im Stechschritt recht anstrengend sein kann, aber letztlich frei von Anmut und Schwarmintelligenz bleibt, sodass es bisher nicht zu Olympischen Spielen zugelassen wurde.

ZU KURZ GESPRUNGEN Kanada, Montreal. FINA-Weltmeisterschaften 2005. Die 17-jährige US-amerikanische Kunstspringerin Chelsea Davis knallt mit dem Gesicht auf das Drei-Meter-Brett. Wäre der zweieinhalbfache Salto gelungen, hätte sie heute vermutlich nicht über 82 Millionen Klicks auf Google. Das schmerzhafte Missgeschick machte sie weltberühmt und den Fotografen auch. John G. Mabanglo von der Europe Pressphoto Agency (EPA) hatte einfach in der richtigen Sekunde ausgelöst. Beim World Press Foto-Wettbewerb in Amsterdam wurde es als Sportfoto des Jahres 2005 in der Kategorie „sports action singles“ mit dem 1. Preis ausgezeichnet. Die Kunstspringerin fiel mit blutiger Nase ins Becken und wurde sofort in ein Krankenhaus gebracht. Die Ärzte fanden keine schweren Verletzungen. Eine Platzwunde an der Nase musste genäht werden. Sie fühlte sich jedenfalls fit für das Drei-Meter-Synchronspringen. Dort reichte es immerhin für einen vierten Platz.

EINTAUCHEN IN BERLIN Schwimm-Weltcup in Berlin 2004, Fotograf Eberhard Thonfeld faszinierte die Eintauchphase, die Luftblasen als Perlenvorhang, das stromlinienförmig gestreckte Landwirbeltier der Gattung Mensch auf dem Sprung in amphibische Zustände, zurück ins aquatische Habitat seiner Herkunft, als spätberufener Knochenfisch unterwegs zu den Ahnen, die vor rund 400 Millionen Jahren den Landgang wagten. Vermutlich sind wir näher mit Lungenfischen verwandt als mit Quastenflosser oder Schwanzlurch, doch die Fähigkeit, uns wie ein Fisch im Wasser zu bewegen, müssen wir trainieren. Gemessen an anderen Kreaturen, denen die Fähigkeit zu schwimmen angeboren ist, sollte man die Leistungen wettkampfsfähiger Hominiden nicht überbewerten. Der Mensch schwimmt unter zehn, ein Felsenpinguin oder Seeleopard 40 Kilometer in der Stunde, Delphine 100, der Blaue Marlin sogar 120 km/h. Immerhin: Der Brasilianer César Cielo Filho kraulte als allerschnellster Mensch im Freistil auf der Kurzbahn mit 7,67 km/h.

KÖRPEREINSATZ UNTER MÄNNERN Zagreb 2010. Bei den 29. Europameisterschaften im Wasserball kämpft Antonio Petrovic (Montenegro) mit Niksa Dobud (Kroatien, rechts) um den Ball. Welche Regeln er dabei anwendet, überschreitet oder umschwimmt, wird ein aufmerksamer Schiedsrichter sicher sofort erkennen. Ist es Pressdeckung oder Deckpressung? Ziel dieses spritzigen Wassersports ist Abspielen und Freischwimmen, um den Ball ins gegnerische Tor zu werfen. Ein Schwimmstil ist nicht vorgeschrieben, meist wird gekrault. Wassertreten schafft den nötigen Auftrieb, Spielertreten ist natürlich verboten, ebenso wie durchkitzeln, an der Hose ziehen oder untertauchen. Der Ball darf mit jedem Körperteil berührt werden, aber niemals mit der Faust, und nur dem Torwart ist es erlaubt, mit beiden Händen zupacken. Wer einen Spieler, der nicht im Ballbesitz ist, behindert, muss für 20 Sekunden aus dem Wasser. Hundert Jahre dauerte es, bis Frauen mitspielen durften. Die Männer sind seit 1900 bei den Olympischen Spielen dabei, Frauen seit 2000.

DER WIDERSTANDSKÄMPFER Jamaika. Trainingszentrum der Technischen Universität Kingston. Der Sprinter Asafa Powell rennt mit aller Kraft durch den Pool. 1982 als jüngster von sechs Söhnen einer Pastorenfamilie geboren, folgte er dem Beispiel seines Bruders Donovan, der als 100-Meter-Läufer bei den Olympischen Spielen 2000 startete. Asafa Powell, 1,90 Meter groß, 88 Kilo schwer, mit Oberschenkeln wie Bongotrommeln, kann enorme Kräfte mobilisieren. Niemand hob am Start so schnell ab wie er (in 1,4 Zehntelsekunden). Als Stern-Fotograf Harald Schmitt dieses Bild schoss, hielt der Leichtathlet noch mit 9,72 Sekunden den Weltrekord im 100-Meter-Lauf. Inzwischen haben ihn Usain Bolt (Jamaika), Tyson Gay (USA) und Johan Blake (Jamaika) überholt. Doch bisher lief kein Mensch 36-mal schneller als 9,9 Sekunden. Die Laufbahn dieses Ausnahmesportlers wurde jäh gestoppt, als bei einer Dopingkontrolle die verbotene Stimulanz Oxilofrin entdeckt wurde. Am 10. April 2014 wurde Powell für 18 Monate gesperrt.

IN EINEM ATEMZUG Wenn Guillaume Néry, der Wassermann aus Nizza, Abgründe erkundet, die noch kein Mensch gesehen hat, ist er glücklich, wie im Rausch. „Das Beste", sagt er, „ist der freie Fall." Néry taucht ohne Gerät, entdeckt seine Welt mit einem Atemzug und einer Flosse. Sieben bis acht Minuten kann er die Luft anhalten. Diese Fähigkeit hat er jahrelang trainiert, 125 Meter tief ist er schon getaucht. Das Wichtigste sei Anpassungsfähigkeit, sagt er gern, das Gefühl für die richtige Geschwindigkeit. Wer zu schnell nach oben will, riskiert sein Leben. Unter Apnoe-Tauchern ist der Franzose ein Star, bewundert, gefragt als Vortragsredner und Coach, aber auch kritisiert, weil seine riskanten Tauchgänge für Nachahmer tödlich enden können. Der gruselig schöne Film „The Free Fall", den seine Frau Julie Gautier über seinen Sprung ins schwarze Nichts drehte, wurde im Internet mehr als 18 Millionen Mal aufgerufen. Néry kann nicht anders. Er spricht von einer Obsession, einer Sucht, die ihn in die Tiefe treibt.

BALL
OFFICIAL STANDARD

IM EWIGEN EIS Patagonien. Der Perito-Moreno-Gletscher ist ständig in Bewegung, knirscht, knackt und schiebt gewaltige Dämme aus Eis und Gestein vor sich her. Von seinem breiten Rücken rieseln Flüsse und Bäche, bilden kleine Seen, bis die über 50 Meter hohe Gletscherzunge mit gewaltigem Krachen auseinanderbricht und das angestaute Wasser in den Lago de Argentino abfließt. So entstehen für kurze Zeit Höhlen unterhalb der Gletscher, eine psychedelische Traumlandschaft, die der argentinische Fotograf Juan Cruz Rabaglia mit der Kamera erkundete, ein alle paar Jahre wiederkehrendes Naturphänomen, ideal für eine Klettertour in die tiefgefrorene Erdgeschichte. Der Perito-Moreno-Gletscher gehört zum Campo de Hielo Sur, dem südlichen Eisfeld, dem größten Gletschergebiet der südamerikanischen Anden, und zählt zum UNESCO-Weltnaturerbe. Als Touristenattraktion hat er eine große Zukunft, denn im Gegensatz zu den meisten Gletschern der Region zieht sich der Perito-Moreno-Gletscher nicht zurück.

ZAUBERWELT DOWN UNDER Südaustralien, im Weebubbie Cave, einer Karsthöhle mit tiefen Tunneln, Kalksteingewölben und kristallklarem Wasser, hat Liz Rogers, weltreisende Höhlentaucherin und Meeres-Fotografin aus Melbourne in den Karsthöhlen down under die zauberhaft schöne Unterwasserwelt erkundet, ausgeleuchtet und wie schon oft in preisgekrönten Fotoproduktionen ans Licht geholt. Ihre Bilder entstehen nach sorgfältiger Vorbereitung in wiederholten Tauchgängen, die sich über mehrere Tage hinziehen können. Die Lichtverhältnisse unter Wasser sind kompliziert, nächtelang hat sie am Computer die Bildserien überprüft und am nächsten Tag die Positionen der Blitze immer wieder verändert, bis endlich der Effekt natürlicher Lichtverhältnisse erreicht war. Die Arbeitsbedingungen dieser Profifotografin sind nicht ganz ungefährlich. Höhlentauchen gilt als Risikosportart, erfordert Umsicht und gut gefüllte Druckluftflaschen. Taucher gehören nun mal zu den wenigen Sportlern, die ihr Zeitfenster auf dem Rücken tragen.

SEGELN – EINE KLASSE FÜR SICH Saint Tropez, 1993. Ein seltenes Bild. Der Mistral bläht die Segel, Seite an Seite rauschen zwei Traditionsyachten bei der Nioularge-Regatta durchs Mittelmeer, die „Astra" und die „Candida", 1928 und 1929 gebaut, Kielschiffe der legendären J-Class, die in dem Ruf steht, dass nie schönere Segler gebaut wurden. Der Buchstabe J steht für eine 1930 exklusiv für den America's Cup eingeführte Rennklasse mit bis zu 87 Fuß (26,5 Meter) Wasserlinie. Die Besegelung war nicht begrenzt. Also bauten die Konstrukteure Yachten mit weit ausladenden Überhängen. In Schräglage war die Wasserlinie dadurch wesentlich länger, und das machte die Schiffe schneller. Nur zehn wurden gebaut, 1937 wurde die Klasse gestrichen. Der America's Cup, 1851 von Queen Victoria gestiftet und älteste Sporttrophäe der Welt, ist ein Pokal für Milliardäre. Die Amerikaner gaben ihn 132 Jahre nicht mehr aus der Hand. Der Preis ist heiß. Aktuell liegen die Budgets für einen Hightech-Katamaran bei 100 Millionen Dollar.

K8

WELLNESS MIT TÜCKEN Dieses Bild ist anders als die typischen Surf-Poster. Es zeigt einen Albtraum. Die Surfer Sean Woolnough und Stuart Gibson (Kamera) warteten vor der Küste von Namotu (Fiji-Inseln) auf den Big Swell. Sean war vom Boot ins Wasser geglitten, ließ die erste Welle vorbeiziehen, nicht ahnend, was gerade auf ihn zukam. Der Fotograf sah vom Boot aus das Riesending kommen. „Ich schrie, aber es war zu spät. Ich sah Sean unter der Wand, die sich schon überschlug und ihn verschluckte. Er verschwand unter der Gischt und kam auf dem Kamm wieder hoch." Ein Albtraum für einen Surfer, denn hier ist er der Gewalt ausgeliefert, kann nicht verhindern, dass er als Teil einer tonnenschweren Wassermasse auf die Riffs geschleudert wird. Er hatte Glück. Die Welle hatte so viel Power, dass sie ihn über die Gefahrenzone hinwegtrug. Einziges Problem des Fotografen: Wer glaubt ihm dieses Bild? Er schwört, dass er das Bild nicht bearbeitet hat. „Kein Photoshop. Verdammt, so war es."

SELIG-KITE AM STRAND Farbige Zeichen in den Himmel geschrieben, ein Moment spielerischer Unbeschwertheit, Sonne und Sand, Wasser und Wind, Kitesurfer leben es, Stunden oder Tage in den Wind zu schießen, und niemand, der an den Stränden bei Fortaleza in Brasilien diesem Treiben zuschaut, käme auf die Idee, darüber zu streiten, ob das Schauspiel nun Kitesurfen, Kiteboarden oder gar Lenkdrachensegeln genannt werden sollte. In Wahrheit ist dieser Trendsport ein jahrhundertealter Hut. Hat nicht der englische Lehrer George Pocock schon zu Lebzeiten Napoleons Kutschen mit Lenkdrachen gezogen, um Steuern für Pferde zu sparen? Auch kleine Boote brachte er damit in Fahrt. Und 1903 überquerte der Luftfahrtpionier Samuel Franklin Cody mit einem Lenkdrachen den Ärmelkanal, er saß allerdings noch in einem Boot. Das moderne Kitesurfen ist keine 20 Jahre alt, entstanden an der Küste Mauis (Hawaii), eine Bewegung, die nach Angaben der florierenden Zubehör-Industrie heute eine halbe Million Menschen erfasst haben soll.

DIE NACHT KANN KOMMEN Baffin Island, fünftgrößte Insel der Erde im Norden Kanadas am Rande der Arktis, ein immer noch weitgehend unberührter Ort, im Osten schroff mit tiefen Einschnitten und steilen Felswänden. Der Fotograf Klaus Fengler aus Allensbach hat vier Extremkletterer durch eine bisher unbegangene Felswand mit dem schönen Namen „Vom Winde verweht 8a+“ begleitet. Die Bergsteiger bereiten ihr Nachtlager vor, frei von Höhenangst und fern jeder klimatisierten Komfortzone für Freizeitalpinisten und Warmduscher. Das Portaledge, ein mit robustem Kunststoffgewebe bespannter Metallrahmen, dient als Bett. Es schwebt über dem Abgrund, hängt an sechs Seilen, die an einem Haken im Fels befestigt sind. Ein Zeltdach schützt vor dem eisigen Wind. An der Wand steht schon der Topf auf dem Kocher. Es gibt Spaghetti bolognese oder Beef Stroganoff in Tüten. Sie haben Proviant für 16 Tage dabei, und weil an der Steilwand kein Schnee liegen bleibt, mussten sie auch das gefrorene Wasser (rund 300 Liter) nach oben ziehen.

Marmot

LEADER

AUF HANNIBALS SPUREN Für Sportler bieten die Alpen eine Fülle von Herausforderungen; die größte ist wohl, sie zu überqueren. Michael Sommer und Thomas Miksch, hier in der siebten Etappe des Gore-Tex Transalpine Run 2013, sind als Orthomol Sport Team Blau unterwegs von St. Valentin nach Sulden. In der Senior-Masters-Kategorie haben sie die Führung übernommen. Das anspruchsvolle Alpenmarathon führt von Oberstdorf (Bayern) durch Österreich und die Schweiz nach Latsch in Südtirol, ein Marathon von acht Tagen: 260 Kilometer Bergstraßen und Kletterpfade über den Hauptkamm der Alpen und rund 3.000 Meter hohe Pässe, mehr als 15.000 Höhenmeter sind im Aufstieg zu überwinden. Rund 500 Alpinisten aus 30 Ländern sind gestartet, immer zu zweit, Triathlonläufer und Trailrunnner, Nordic Walker, Marathonläufer, Bergläufer, Orientierungsläufer, die meisten unter ihnen sind eingespielte Teams. Die längste Anreise hatte ein Team aus Singapur. Mangels Bergwelt hat das Paar in den Treppenhäusern der Wolkenkratzer trainiert.

MASCHINENLÄRM AM PLACE OF HAPPINESS Brasilien, Minas Gerais, Piedra Riscada. So sieht es aus, wenn Bergsteiger eine neue Route sichern. Der Brasilianer Edemilson Padilha bohrt ein Loch in den größten Monolithen Lateinamerikas, die Piedra Riscada, einen gewaltigen Felsblock mit extrem schwer zu bewältigenden Steilwänden und extrahartem Granit. Die Bohrmaschine, unentbehrliches Utensil, ist gesichert und wird mit Akku betrieben. Edemilson hängt am Cliffhanger, dem breiten Haken, eine unscheinbare Lebensversicherung aus Edelstahl. Die Wand hat es in sich, ist 800 Meter hoch, galt bisher als eigentlich unbesteigbar. Die fünfköpfige Crew um die bayrischen Extremkletterer Stefan Glowacz und Holger Heuber, den Fotografen Klaus Fengler, Edemilson Padilha und dem Argentinier Horacio Gratton brauchte zehn Tage und vier Nächte, um die 800 Meter hohe Wand frei zu klettern. Nun, da sie es geschafft haben, den steilsten Wandabschnitt der Piedra Riscada zu erklimmen, tauften sie die Route „Place of Happiness".

HINTER DEM REGENBOGEN Diese Wand hat es in sich. Der Profikletterer Stefan Glowacz hängt in der jahrhundertelang unbezwingbaren La-Proa-Wand des Roraima Tepui, des vielleicht berühmtesten unter den 115 Tepui im Dreiländereck zwischen Venezuela, Brasilien und Guyana. Die Tepui sind mythische Tafelberge. Forscher haben gerätselt, wie es möglich war, dass auf diesen Bergen 80 Prozent aller Arten und Lebewesen nur dort und nirgendwo sonst existierten. Die Antwort ist verblüffend einfach: Die anderen kamen nicht hinauf, auch die Ureinwohner des Regenwaldes haben sie nie bestiegen. 2010 gelang es Glowacz und seinem Partner Holger Heuber, die Route „zu gehen", in 16 Seillängen, im neunten und am Ende im zehnten Schwierigkeitsgrad. Es war der zweite Versuch, einmal musste er wegen schlechten Wetters vorzeitig aufgeben. Die neue Route nannte er „Behind the Rainbow 8b". (Die Ziffer steht für den Schwierigkeitsgrad nach Französischer Skala.) Fotograf Klaus Fengler hing selbst im Seil, um dieses Foto zu schießen.

WO WILL IST, IST AUCH EIN WEG Helmcken Falls, British Columbia. Auch wenn der Mann, der im Hintergrund des Bildes durch die spektakuläre Welt tiefgefrorener Wasserfälle kraxelt, kaum zu erkennen ist – er ist eine Legende: Will Gadd, Freeclimber, Veteran des Risikosports (Jahrgang 1967), fit in allen Disziplinen winterlichen Extremsports. 2010 bestieg er in einem 24-Stunden-Marathon „Endless Ascent" 194-mal eine 40 Meter hohe senkrechte Eiswand, was 7.760 Metern entspricht oder der doppelten Strecke vom Basislager zum Gipfel des Mount Everest (Nordroute). Den Erlös der Aktion ging an Kinder im Himalaya. Seine Freunde nennen ihn Captain Adventure. Abenteuer sind seine Welt. „Es ist krass", verriet er auf der Website seines Sponsors Red Bull: „Dort oben befinden sich tausend Dolche, die herunterfallen und dich töten können." Angst hat er nicht, aber Respekt. Nachdem er schon alle wichtigen Trophäen bei Weltmeisterschaften und Winter X Games eingesammelt hat, will er mit diesem Bravourstück seine aktive Laufbahn beenden.

DER EISMANN KOMMT Martin Daberer, Kletterer und erfahrener Bergführer aus Heiligenblut, arbeitet sich durch eine Spalte des Pasterze-Gletschers unterhalb des Großglockner. Der Profi hat Steigeisen, Eispickel, Eisschrauben, Helm und Seil dabei. Eiskletterer spielen die Heldenrolle in einem packenden Naturschauspiel. Wer sich versteigt, spielt mit seinem Leben. Gletscher sind eiskalt, spiegelglatt und der gefährlichste Sportplatz der Welt. Eis verzeiht keinen Fehler. Trotzdem oder vielleicht auch deshalb suchen Jahr für Jahr einige Hundert Alpinisten den coolen Kick, erklimmen kältestarre Wasserfälle und wagen Klettertouren aller Schwierigkeitsgrade von WI 1 (Water Ice One) an 40 bis 60 Grad steilen Flächen bis zu WI 7 an dünnen, frei stehenden Eissäulen oder frei hängendem Eis. So lange der Vorrat reicht. Die Pasterze am Fuße des Großglockners, mit mehr als acht Kilometer Länge größter Gletscher Österreichs, ist seit Mitte des 19. Jahrhunderts um die Hälfte zusammengeschmolzen.

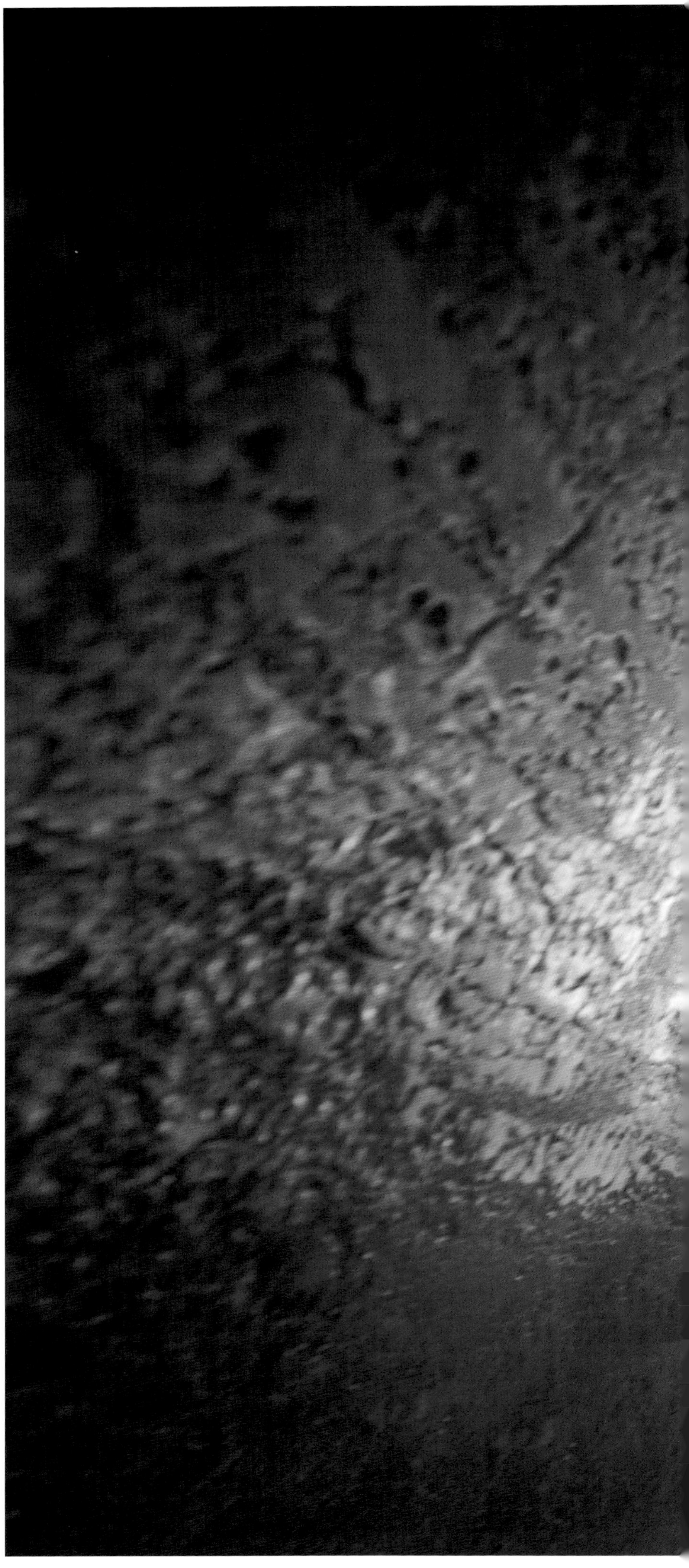

WHITE OUT Ein Mann auf dem Weg nach oben. Er stapft über einen schmalen Grat, rechts und links liegt der Abgrund, vom Nebel verhüllt. White out. Eine Welt ohne Schatten und Konturen. Der Fotograf ist den Weg vorausgegangen, Martin Hartley, international renommierter Spezialist für extrem schwer zugängliche Locations, hat zwanzig Polarexpeditionen begleitet und gehört zu den wenigen Berufsfotografen, die den Arktischen Ozean zu Fuß und mit Schlittenhunden überquert haben. Im Alter von 17 Jahren wurde er im renommiertesten Naturfoto-Wettbewerb der Welt vom BBC Wildlife Magazine und dem Natural History Museum zum Young Wildlife Photographer of the Year 1987 gewählt. Seither arbeitet er als – vielfach preisgekrönter – Profi abseits der Komfortzone zivilisierter Realität, dort wo es weh tut, in grausamer Kälte, in menschenfeindlicher Wildnis, in schroffen Gefahrenzonen, eben dort, wo es nicht nur darum geht, zum Schuss zu kommen, sondern auch selbst zu überleben.

EINSAME KLASSE Allein zwischen Himmel und Erde. Das Abseilen von einem überhängenden Felsen dieses Formats ist kein Spaziergang. Der Fotograf Klaus Fengler hatte bereits festen Boden unter den Füßen, als er den Bergsteiger Stefan Glowacz an der Wand des Roraima Tepui in Venezuela fotografierte. Die Fixseile sind zu erkennen und der Versuch des Kletterers, immer wieder „an die Wand" zu kommen, um Halt für die nächste Etappe zu finden. Ein Abstieg über 16 Seillängen erfordert nicht nur Kraft und höchste Konzentration, sondern auch ein hohes Maß an Können und Erfahrung, das nur wenigen Profibergsteigern zur Verfügung steht. Der Berg verzeiht keinen Fehler und verlangt gebührenden Respekt. Erstaunlich genug, dass der Alpinist bei diesem Kraftakt noch einen Blick für die überwältigende Schönheit der Naturlandschaft übrig hat, die sich unter ihm auftut. „Die Kulisse ist absolut beeindruckend", berichtet er aufgeregt und noch etwas atemlos nach seinem ersten Bodenkontakt per Telefon aus dem Dschungel.

GAUKLER ZWISCHEN HIMMEL UND ERDE Slackliner lieben das Abgründige. In der neuen Trendsportart verbinden sich Spitzensport und darstellende Kunst, wird das Sportereignis zum Drama der Risikofreude, zum Spiel mit dem Staunen, und es ist kein Verein, kein Verband oder kein Sponsor, der das Ereignis inszeniert, sondern der Fotograf Martin Lugger, als Naturschauspiel mit einem wagemutigen Hauptdarsteller. Der Slackliner Florian Ebner überschreitet in dreihundert Meter Höhe ein gespanntes Schlappseil, springt, probiert auch mal einen Salto rückwärts, ein einsamer Entertainer zwischen Himmel und Erde, unterwegs für ein Highline-Foto in den Österreichischen Dolomiten. Slacklining, der Balanceakt auf breitem, dehnbarem Gurtband, entstand eher spielerisch in der Szene der Free-Climber im Yosemite Nationalpark, die bei schlechtem Wetter aus Langeweile damit anfingen, auf den Absperrketten der Parkplätze mit artistischen Übungen die Zeit totzuschlagen.

IM PARA-PARADIES Was zeigt dieses Bild? Pure Schönheit, unberührte Natur, ein poetisches Formenspiel, und doch ist es Sportfotografie. Fünf Jahre lang sind die amerikanische Fotografin Jody MacDonald und der Kiteboarder Gavin McClurg auf ihrem Katamaran durch die Welt gesegelt, auf der Suche nach dem vollkommenen Revier für Kitesurfer. Im vierten Jahr ihrer Expedition segelten sie 600 Meilen von Madagaskar zum Bazaruto-Archipel vor der Küste von Mozambique. „Als wir landeten, standen wir vor einer mächtige Sanddüne“, berichtet Jody. „Wir sagten kein Wort, rannten nur zu unseren Wings.“ Sie hoben ab, schwebten bald ein paar Hundert Meter über der Düne und so entstand dieses Sportfoto, die Arbeit zweier Künstler.

VOGELMENSCHEN IM ANFLUG Norwegen, Juli 2013. Der Schweizer Wingsuit-Flieger Ludovic Woerth ist in tausend Meter Höhe von einem Felsen gesprungen und fliegt 20 Minuten über den Innfjord. Beim ältesten Wingsuit-Rennen der Welt (seit 2003), zum ersten Mal offiziell bei der ProBASE Worldcup Tour, den Wingsuit Racing World Series, dabei, starten 32 Piloten. Der schnellste bekommt 10.000 Euro. Der alte Menschheitstraum vom Fliegen ohne Gerät hat endlich seine weltweite Organisationsform gefunden. Lange Zeit waren Vogelmänner tragische Helden, Sturzflugakrobaten mit selbst gebastelten Flügeln aus Holz, Leinen oder Satin, die oft vor laufenden Kameras in den Tod stürzten. Seit 1999 sind Wingsuits unter dem Namen BirdMan im Handel erhältlich. Seit acht Jahren gibt es vegaV3, ein raketengetriebenes Wingsuit-System mit lenkbarer Antriebseinheit am Bein. Längst wird die Technik auch für den militärischen Einsatz erprobt. Aber für die Landung braucht es immer noch einen Fallschirm.

FREERIDE IN UTAH Skiprofi Carston Oliver liebt Abfahrten im Sommer. „Ich hatte einen Riesenspaß", berichtet er auf dem Adventure-Blog von National Geographic. „Mountainbiken ist Skifahren bei warmem Wetter: Geschwindigkeit, Risikomanagement und Entscheidungsprozesse sind genau die gleichen. Mountainbiking macht mich zu einem besseren Skifahrer und Skifahren macht mich zu einem besseren Mountainbiker." Für Freerider sind die Book Cliffs im Bundesstaat Utah das naturgegebene Spielfeld für Freiheit und Abenteuer. Freerider sind mutig, aber nicht ohne Respekt. Sie lieben das Unwegsame, springen gern über im Weg stehende Felsnasen, tragen Panzer und Helm wie die Ritter der Tafelrunde und kämpfen allein gegen die Natur in ihrer härtesten Form: ohne Wanderwege, ohne Vegetation, abseits jeder Zivilisation und ihrer mit dem Lineal gezogenen Rollbahnen für Asphaltcowboys. „Hier gibt es immer was zu beißen", sagt Carston Oliver. „Du kannst hier jahrelang fahren, ohne jemals die gleiche Linie zu nehmen."

STRAMPELN IN SÜDTIROL Österreich, Südtirol. Ein Radler will nach oben. Er hat sich die berühmte Stilfserjochstraße ausgesucht, die mit steilen Serpentinen und Haarnadelkurven in hochalpine Regionen führt und Prad im Vinschgau mit Bormio im Veltlin (Lombardei) und damit Österreich mit Italien verbindet. Die Krone des ambitionierten Radweges ist das Stilfserjoch, der höchste asphaltierte Gebirgspass in Italien und der zweithöchste in Österreich, 2.757 Meter über Normalnull, im Winter nicht passierbar, aber meist von Mai bis Anfang November für den Verkehr geöffnet. Die „Königin der Passstraßen“ hat allein zwischen Prad und Stilfserjoch 48 Kehren zu bieten, insgesamt sind es 87. Auf einer Länge von etwa 30 Kilometern überwindet die Straße 1.900 Höhenmeter. Lästig nur, dass auch Motorradfahrer das geil finden. Wer sich daran stört, wartet auf den „Radtag Stilfserjoch“, an dem einmal im Jahr die Passstraße nur für Radfahrer reserviert ist. Und wenn Tausende kommen, ist es nicht mehr einsam, aber klasse.

TOUR DER LEIDEN Tour de France 2012. Fünfte Etappe. Noch 45 Kilometer bis Saint-Quentin. Der Australier Jonathan Cantwell vom dänischen Team Saxo Bank liegt nach einem Crash am Boden. Ein tiefer Sturz. Am Tag zuvor war er noch als Sechster durchs Ziel gegangen – zum ersten Mal dabei und unter den ersten zehn! „It's amazing 1 day on a high, next shithouse", twittert er am Ende des Tages, der all seine Träume zunichte macht. „So habe ich mir Radrennen vorgestellt – echt schlimm, die Hälfte meiner rechten Arschbacke fehlt und mein Knöchel hat einen wüsten Schlag vom Rinnstein abgekriegt. Ich werd's überleben.“ Ein harter Bursche. „Das Beste am Crash ist, wenn dir die Ärzte antiseptischen Spray in deine offenen Wunden schießen. Verflucht, ich glaube, sie haben sogar Spaß dran." Es war nicht sein erster Sturz in diesem Jahr, einen Lungenriss und vier gebrochene Rippen überstanden. Er fühlte sich topfit für das härteste Etappenrennen der Welt. Diesmal reicht es nur für Platz 193.

IRONMAN AUF KOPFSTEINPFLASTER Susz, eine kleine Stadt in der Woiwodschaft Ermland-Masuren, ehemals Rosenberg in Westpreußen, ist aus dem Häuschen. Fotograf Piotr Dymus braucht nur zu warten. Ein Rennrad saust durchs Bild mit kalkulierter Bewegungsunschärfe. Der Sportler erntet Applaus. Radrennen sind für alle da, kosten keinen Eintritt, bringen eine Stadt, eine ganze Region in Bewegung und begeistern die Zuschauer an der Strecke. So gesehen ist das Herbalife Susz Triathlon eine Großveranstaltung. Die internationale Ironman 70,3 Rennserie der World Triathlon Corporation schickt Sportler ins Rennen über die Half-Ironman-Distanz: Auf 1,9 Kilometer Schwimmen folgen 90 stramme Kilometer mit dem Rad und dann noch der Halbmarathon über 21,1 Kilometer Laufen, insgesamt 113 Kilometer (70,3 Meilen), das schlaucht. Polen ist groß und es gibt weit und breit keinen Windschatten. Der ist nämlich verboten. Radfahrer dürfen nicht näher als zehn Meter an den Vordermann herankommen. Und dann noch dieses Kopfsteinpflaster!

IS' WAS, DOC? St. Andreasberg. Zieleinfahrt beim Oddset 2005, Niedersachsen-Rundfahrt über 890 Kilometer und Testlauf für die Tour de France. Der Australier Heinrich Haussler vom Team Gerolsteiner muss eine Urinprobe abgeben. Sportarzt Günter Pfeiler schaut zu, ob alles seine Ordnung hat. Le Tour ist in Verruf geraten. Beim härtesten Etappenrennen der Welt wird beinhart gekämpft. Sprinter und Bergspezialisten, Ausreißer und Verfolger schenken sich nichts. Seit 1967 der mit Amphetaminen gedopte britische Ex-Weltmeister Tom Simpson nach einer Bergetappe starb, wurde offenbar, dass die Tour ohne Doping kaum noch zu gewinnen ist. Fremdblut, Testosteron, Epo, Kokain und das Kälbermastmittel Clenbuterol machten das Rennen. Teambetreuer werden verhaftet, Mannschaften nach Hause geschickt und bald verpissten sich die Legenden. Eddy Merckx, Bjarne Riis, Erik Zabel, Jan Ulrich, Alberto Contador, Lance Armstrong. Wer nicht erwischt wird, hat die Chance, nachträglich zum Sieger gekürt zu werden.

GEROLSTEINER
GEROLSTEINER
GEROLSTEINER
Nalini
Nalini
STEINER
Nalini

DENMARK

SPRINT IN LONDON London 2012. Bahnrennen bei den Olympischen Sommerspielen. Vier Dänen kämpfen um Platz fünf. Die ersten Plätze sind den Briten vorbehalten, sie gewannen sieben von zehn Goldmedaillen im neu erbauten Londoner Lee Valley Velodrome wegen seines kartoffelchipförmigen Dachs auch Pringle genannt. Der 105 Millionen britische Pfund teure Bau fasst sechstausend Zuschauer; 56 Kilometer Sibirische Fichte und 350.000 Nägel wurden für die Bahn verbaut. Sie ist auf den Geraden 12, in den Kurven bis zu 42 Grad geneigt und so rasend schnell, dass es gleich zehn neue Weltrekorde regnete. In der Mannschaftsverfolgung über 4.000 Meter fuhren die Briten mit 3:51,659 einen neuen Weltrekord ein. Die Dänen kamen mit 4:02,671 auf Platz fünf. Bahnräder sind auf Stabilität und Geschwindigkeit ausgelegt, das Tretlager ist höher als normal eingebaut, um jeden Bodenkontakt in der Schräge zu vermeiden. Sie haben keine Gangschaltung, keinen Freilauf, keine Bremse, stattdessen wird nach rechts oben ausgewichen.

Nikon
Nikon
Nikon
Canon
Nikon

DABEI SEIN IST ALLES Peking, Olympische Sommerspiele 2008. Sportfotografen richten vor dem 100-Meter-Lauf ihre automatischen Kameras aus. „Zu sehen, wie die Fotografen Hunderte von ferngesteuerten Kameras in Serie einrichten, ist geradezu komisch“, bloggt ein Fotograf des Newsweek-Reporterteams. „Die Fotografen stellen den Fokus jeder Kamera ein, nehmen letzte Detaileinstellungen an der Komposition zur vollständigen Perfektion vor – und irgendwann wird ein anderer Fotograf unweigerlich über eine der Installationsschienen stolpern und zwei Dutzend Kameras müssen wieder neu eingestellt werden. Es ist vollkommen verrückt, glaubt mir.“ Für das 100-Meter-Finale richten die Fotografen die Kameras so ein, dass in weniger als zehn Sekunden Laufzeit fünf Fotos von verschiedenen Standorten per Fernauslöser geschossen werden. So wurde die Welt Zeuge, wie Usain Bolt aus Jamaika mit halb offenen Schnürsenkeln den Konkurrenten mit so weitem Vorsprung davonlief, dass er sich schon bei 80 Metern an die Brust schlug.

DIE STÄRKE VON KIEW Das Kraftzentrum der Ukraine liegt an den Ufern des Dnjepr auf einer Insel im Herzen von Kiew. Das Kachalka Outdoor Gym, ein improvisiertes Fitness-Center, wurde in den 1970er-Jahren von dem polnischen Turner Kasimir Jagelsky und dem Mathematik-Professor Yuri Kuk errichtet. In einer Zeit, in der es Metallschrott im Überfluss gab, haben sie Deponien, Schrottplätze oder stillgelegte Fabriken durchstöbert, ausgemusterte Panzerketten, Stahlträger und Fahrzeugteile zusammengeklaubt und in einem Kraftakt kreativen Metallbaus in einen Maschinenpark mit über 200 blau gestrichenen Gerätschaften verwandelt, eine herrliche Muckibude unter freiem Himmel. Eintritt frei. Der ukrainische Fotograf Kirill Golivchenko hat die Stärken von Kiew in seinem Bildband „Kachalka: Muscle Beach“ versammelt, in Anlehnung an das kalifornische Vorbild, das Trainingsgelände für Bodybuilder in Venice Beach, ein respektvolles Heldenepos der Männer, die Eisen pumpen, das einmal zum Schrott der Sowjetära gehörte.

BREMSVERSAGEN IN PAMPLONA Im Wettlauf mit einem mindestens 600 Kilo schweren Kampfstier gibt es kein Entrinnen. Das mächtige Tier, im Panikmodus 25 km/h schnell, hat einen leichtsinnigen Herausforderer auf die Hörner genommen, durchgeschüttelt, hingeworfen und immer wieder angegriffen, bis es den Umstehenden gelang, den schwer verletzten Amateursportler Diego Miralles, 31, in Sicherheit zu bringen. Es war nicht der einzige Zwischenfall bei der Fiesta San Fermin in Pamplona an diesem Tag im Juli 2013. Als beim Encierro, dem traditionellen Stierlauf, die Kampfstiere durch die abgesperrten Straßen der Stadt in die Arena getrieben wurden, begleitet von einigen Ochsen mit Kuhglocken (zur Beruhigung) und einigen Hundert Mitläufern, weiß gekleideten Mozos mit roten Halstüchern und jungen Touristen aus aller Welt, die immer schon mal um ihr Leben rennen wollten, kam es vor der Arena zu einem Massensturz. Die Rindviecher rannten in und über die Menschenmenge. Die Krankenhäuser waren vorbereitet und hatten gut zu tun.

DER GROSSE WURF Es sieht gefährlich aus, wenn der Riese City Train seinen verzweifelt zappelnden Gegner Bestbeau auf die Matte donnert. Das Leben in Kinshasa, Hauptstadt der Demokratischen Republik Kongo, ist kein Spaziergang und Congolese Wrestling erzählt Geschichten von brutaler Gewalt. Die Kämpfer kommen aus der Szene der Shégués, der Straßenkinder, die zu Tausenden die Stadt bevölkern. Von ihren Familien verlassen oder vor dem Grauen des Bürgerkriegs hierher geflohen, schlagen sie sich als Schuhputzer, Straßenverkäufer oder Diebe durch, werden gejagt, als Wahlhelfer rekrutiert und manchmal auch bewaffnet, was die Achtmillionenstadt nicht sicherer macht. Shégués sind begeisterte Wrestling-Fans. Im Ring gibt es schwarze Magie, Voodoo und Zauberei, aber auch klare Grenzen zwischen Gut und Böse. Es gehört nun mal zum Überlebenskampf, sich Respekt zu verschaffen. Mit dem Showbusiness des American Wrestling hat die kongolesische Variante nur eins gemeinsam: Der Sieger steht schon vorher fest.

IMMER LOCKER VOM HOCKER Antdorf in Oberbayern. Alpenländische Meisterschaften im Fingerhakeln. G'standne Mannsbilder wie Bauernschränke in Lederhosen üben die Kunst, einen Gegner über den Tisch zu ziehen. Fingerhakeln ist Kraftsport und Traditionspflege mit klaren Regeln: Der Stärkere gewinnt. Die Mittelfinger der Kontrahenten sind in eine zehn Zentimeter lange Lederschlaufe eingehakt. Hinter den Haklern sitzen Auffänger, und wenn der Schiedsrichter ruft: „Beide Hakler, fertig, ziagt's!", legen sich die Kontrahenten ins Zeug, ziehen mit aller Kraft und dem Einsatz der Körpergewichtes, widerstehen stöhnend dem Dehnungsschmerz und reißen den Gegner notfalls im Sturz vom Hocker. Meist ist der Kampf nach zehn Sekunden entschieden. Dank täglichen Trainings ist der Mittelfinger eines Haklers robust wie ein Fleischerhaken und kann aus dem Stand 150 Kilo heben. Trainiert wird im Wirtshaus. Nach deutschem Reinheitsgebot gebrautes Bier ist als Doping erlaubt.

AUGE IN AUGE Wettkampf im Ohrenziehen, beliebte Disziplin bei den World Eskimo-Indian Olympics (WEIO) in Fairbanks, Alaska. Die Gegner sitzen sich auf dem Boden gegenüber und sind durch einen Bindfaden hinter dem Ohr miteinander verbunden. Der Kampf ist eine Art schmerzhaftes Tauziehen. Wer nachgibt oder den Faden verliert, hat verloren. Bei den Eskimo-Spielen geht es nicht um Zeitgewinn oder messbare Werte, sondern um Geschicklichkeit und Ohrvertrauen, Zähigkeit und Ausdauer, um Kraftakte, wie den Seal Hop mit angewinkelten Ellenbogen, bei dem nur die Knöchel der Fäuste und die Zehen den Boden berühren dürfen, oder Four Man Carry, bei dem einer vier Kerle schleppen muss, die sich ihm an den Hals gehängt haben. Die Spiele sind überlieferte Härtetests und Kraftproben, die in endlos langen Wintern Abwechslung ins Dorfleben brachten. Kapitäne von Walfangschiffen und Seehundjäger nutzten die Spiele, um die härtesten und geschicktesten Burschen für ihre Boote anzuheuern.

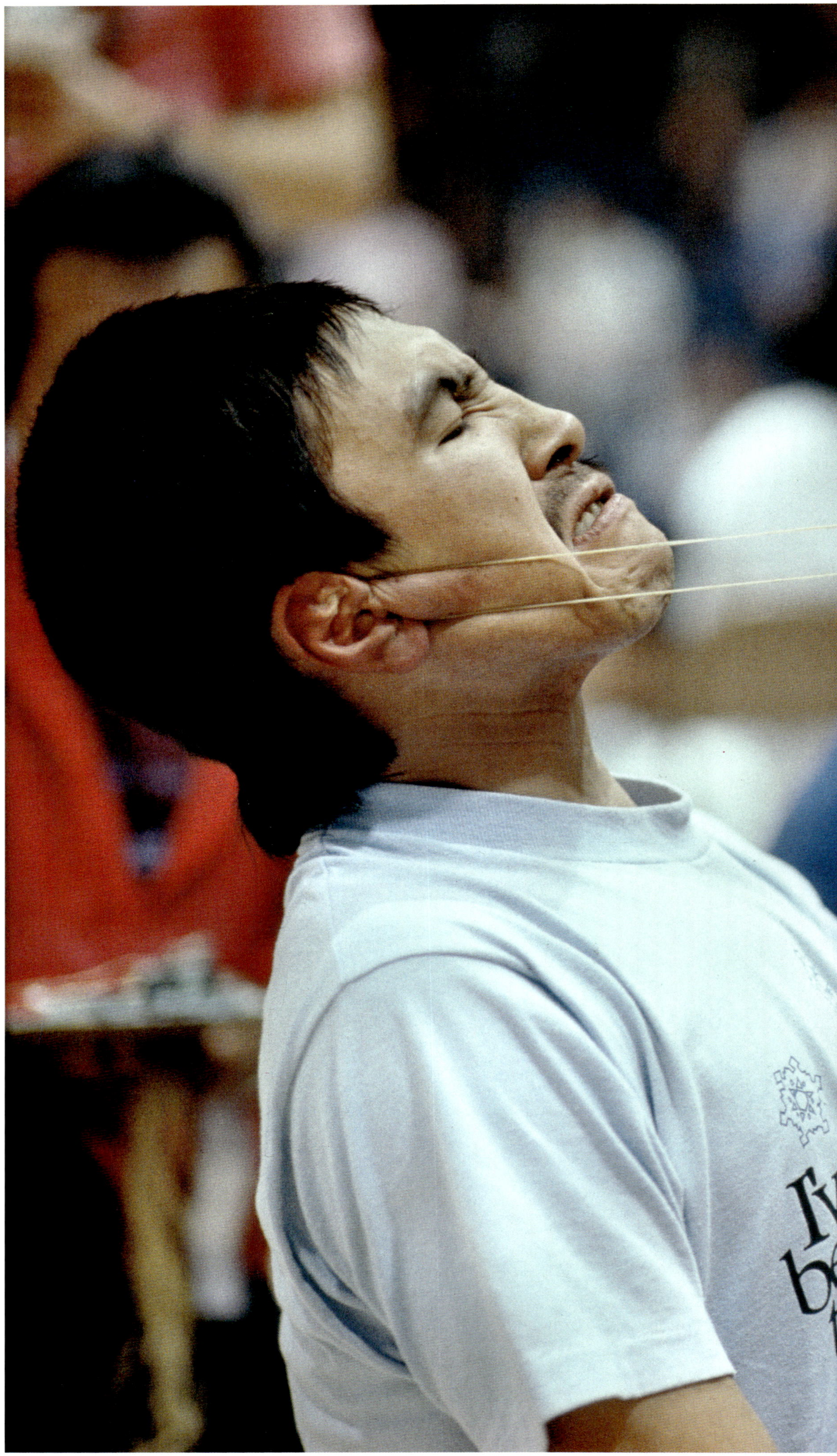

DIE KUNST DER WEITERBILDUNG Dänische Bodybuilding-Meisterschaften im Herning Kongrescenter. Körperkunst, beölt und angebräunt, Selbstbildnisse von Bildhauern, die in Fitnesscentern mit Sportgeräten an sich arbeiten, deshalb ist es Sport, aber auch eine Schönheitskonkurrenz im Posingslip. Klassische Vorbilder, wie den David von Michelangelo, kann man vergessen. Bodybuilder wollen lieber sein wie Goliath, wie Arnold Schwarzenegger, der siebenmal „Mr. Olympia“ wurde, höchste Auszeichnung dieser Sportart, die bei den Olympischen Spielen nicht zugelassen ist. In der Massephase, dem Muskelaufbau, braucht es zehn Mahlzeiten am Tag, in der Definitionsphase wird das Körperfett weggehungert, damit die Muskeln besser sichtbar werden. Zur eiweißreichen Kost kommen anabole Steroiden, Hormone, Diuretika und neuerdings auch Gen-Doping. Nebenwirkungen wie schrumpfende Hoden, Impotenz, weibliche Brüste, Schäden an Leber, Herz und Nieren nimmt Goliath in Kauf. Viele Bodybuilder sterben jung, den Heldentod im Kampf gegen sich selbst.

FINGERSPITZENGEFÜHL IM RING Die kürzeste Verbindung zwischen zwei Menschen sei ein Lächeln, heißt es, auch wenn das Lächeln des niederländischen Wrestlers Leon van Gasteren in dieser Situation etwas gezwungen wirkt. Die Kampfszene beim Wrestling-Event im Hangar 5 in Hannover erfordert einen aufmerksamen Schiedsrichter. Es wäre für den liegenden Holländer die einfachste Sache der Welt, dem Gegner Patrick Schulz in den Finger zu beißen; beim Wrestling ist so gut wie alles erlaubt, beißen allerdings nicht. Wrestling ist als Kampfsport grenzwertig, mehr Show als Kräftemessen, die brutalstmögliche Comedy mit Würfen und Flügen, voller publikumswirksamer Rüpelszenen, aber mit geringem Verletzungsrisiko, denn jede Gewaltanwendung folgt einer einstudierten Choreographie. Schmerzensschreie und Stöhnen gehören ebenso dazu wie die Versuche, einem unterlegenen Gegner das Maul aufzureißen. Unterlegen war der Niederländer übrigens nicht. Am Ende des Schaukampfes durfte er als Sieger die Arme heben. Mit breitem Grinsen.

DER CHAMPION Box-WM in der Esprit-Arena in Düsseldorf. „Can't Stop" von den Red Hot Chili Peppers ertönt, der Champion marschiert ein. Wladimir Klitschko, Weltmeister im Schwergewicht der Verbände IBF, WBO, WBA und IBO, gilt als bester Boxer der Welt. Der kleine Bruder (1,98 Meter) von Vitali Klitschko (2,01 Meter, Champion i. R. und derzeit Bürgermeister von Kiew) wuchs in der Ukraine auf. Der promovierte Sportwissenschaftler und Linksausleger mit dem Kampfnamen Dr. Steelhammer gewann bei den Olympischen Spielen 1996 als erster „Weißer" die Goldmedaille im Superschwergewicht (ab 91 Kilo). 2008 waren beide Brüder Klitschko Boxweltmeister, Wladimir im WBO, Vitali im WCO. Als Champion in vier Verbänden ist Wladimir Klitschko zugleich Pflichtverteidiger seiner Titel und muss sich immer wieder den Herausforderern stellen. Gegen den 39-jährigen Franzosen Jean-Marc Mormeck trat er in Düsseldorf freiwillig an. Klitschko siegte durch K. o. in der vierten Runde. Es war sein 50. Knock-out-Sieg in 60 Kämpfen.

EVERLAST
JROCK
JROCK
Warranties

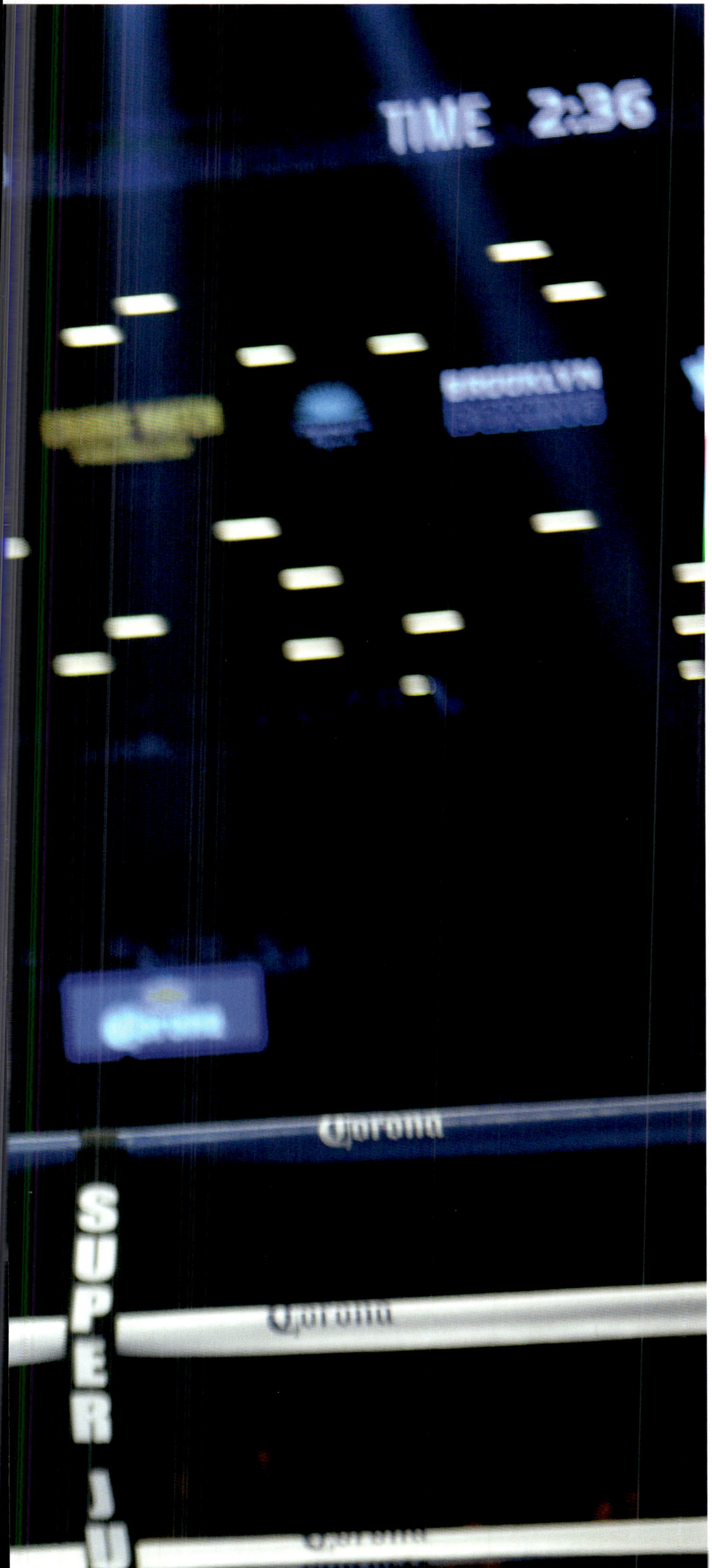

KOPFTREFFER Brooklyn, New York. Barclay's Center. Nach einem schweren Kopftreffer durch Justin Williams (USA) verliert Orlando Lora (Mexiko) den Kampf im Superweltergewicht (69,85 Kilo) durch Technischen K. o. in der vierten Runde. Boxen ist Big Business mit hohen Einschaltquoten, ein Deal mit der Gefahr. Ein Faustschlag bringt die Kraft einer halben Tonne auf den Punkt, jeder Treffer schleudert das Hirn gegen die knöcherne Schädelhülle. Das hat Folgen. In den vergangenen zehn Jahren starben zwölf Boxer an Schädel-Hirn-Verletzungen. Ältere Boxer leiden an Gleichgewichtsstörungen, am „Punch Drunk Syndrom" oder an Parkinson wie die Boxlegende Muhammad Ali, der in seinen Kämpfen mehr einsteckte, als er sich anmerken ließ. Irgendwann gehen auch die Sieger zu Boden, aber nicht vor den Kameras. Die Lobby der Profis schlägt jede Warnung seriöser Forscher mit kurzen Haken in den Wind. Schließlich sei Baden auch gefährlich und in den Alpen sterben mehr Sportler als im Ring. Schon wahr, aber nicht für Geld.

ROCKY IN RUHE Berlin, Juli 1997, Trainingscamp für Profiboxer. Graciano Rocchigiani ganz entspannt. Der Gebäudereiniger und Sohn eines Eisenbiegers aus Sizilien erkämpfte sich den Meistertitel im Halbschwergewicht, im Supermittelgewicht und wurde Europameister, ein Rechtsausleger, der aus sicherer Doppeldeckung seine höchst effektiven Aufwärtshaken ins Ziel schickte. Er teilte aus und musste viel einstecken, auch Fehlurteile der Ringrichter, ein Außenseiter ohne Promoter, der noch heute darunter leidet, dass er mit Henry Maske und Dariusz Michalczewski nicht fertig wurde. Als der WBC-Verband ihm 1998 auch noch den mühsam erkämpften Titel im Halbschwergewicht aberkannte, klagte er auf Schadenersatz: 31 Millionen US-Dollar wurden ihm zugesprochen, der Verband meldete Konkurs an. Rocky ließ sich auf einen Vergleich ein und war mit 4,5 Millionen zufrieden. 2003 verlor er seinen letzten Kampf. Sein unruhiger Lebenswandel brachte ihm mehrere Freiheitsstrafen ein, auch wegen Körperverletzung.

GESCHAFFT! Marokko. Marathon des Sables. Ein Läufer am Ziel, erschöpft, ausgelaugt und vollkommen fertig, umgeben vom Restmüll einer Überdosis Coke, gestiftet vom Hauptsponsor des Ultra-Extrem-Marathons durch die glutheiße Wüste. Die Strecke wechselt jedes Jahr, 230 Kilometer in sechs Etappen, eine davon, am vierten und fünften Tag über mindestens 70 Kilometer am Stück, muss in 40 Stunden geschafft werden. Ein Siebentagerennen gegen die Hitze, die feindliche Natur, die gnadenlose Sonne, durch den Sand, in dem die Füße versinken. Sonnenverbrannt, heißgelaufen und wundgescheuert, tragen die Sportler, was sie zum Leben brauchen, auf dem Rücken, Schlafsack, Proviant (2.000 kcal pro Tag) und den Schlangenbiss-Set. Am Checkpoint gibt es Wasser (bis zu neun Liter pro Tag) und eine Zeltplane für die Nacht. Kaum dass der Tag beginnt, kommen die Berber, scheuchen die Sportler aus den Schlafsäcken und räumen die Lager ab. Ein Trost. Die letzte Etappe ist traditionell die kürzeste. Diesmal waren es nur 7,5 Kilometer.

FULL SERVICE AM ZIEL Barcelona. Schwimmweltmeisterschaften 2013. Am Ende der meisten Ausdauersportarten steht ein Getränkewunsch. Beim US-Amerikaner Alexander Maxwell Meyer, Finalist im 25-Kilometer-Freiwasserschwimmen, ist der Wunsch nach klarem Wasser nicht verwunderlich. Vier Stunden, 47 Minuten und 28 Sekunden lang ist er durch offenes Wasser geschwommen. Freiwasser, chlorfrei und in der Regel auch frei von Hygiene, kann eine Brühe sein, in der Scheiße, Kondome und Tampons herumschwimmen. In Barcelona hatte ein Gewitter die Wasserqualität im historischen Hafenbecken etwas eingetrübt, weil die Kanalisation übergelaufen war. „Eine Kloake“, seufzte der deutsche Weltmeister und Goldmedaillengewinner Thomas Lurz. Die Wasserproben sollen allerdings in Ordnung gewesen sein. Langstreckenschwimmer sind Kummer gewohnt. In Brasilien zum Beispiel kämpften sie sich an toten Schildkröten und Holzpaletten mit rostigen Nägeln vorbei. Zu den speziellen Reizen dieser Sportart soll auch der Brechreiz gehören.

SPRITZTOUR ZUM SIEG So sehen Sieger aus. Sie haben das Finale bei den 35. Kanurennsport-Weltmeisterschaften 2006 im ungarischen Szeged gewonnen, 200-Meter-Sprint im Vierer-Canadier, Grund genug für das tschechische Team, in einem kollektiven Kraftakt hinter der Ziellinie ihr Boot zum Kentern zu bringen, was bei dem neun Meter langen und kaum 50 cm breiten Sportgerät übrigens keine große Schwierigkeit ist und auch schon mal unabsichtlich passieren kann. Die C-4-Klasse, eine der wenigen Sportarten, in der man kniend vorankommt, ist im Kanurennsport relativ neu und im olympischen Wettbewerb noch nicht zugelassen. Eigentlich schade, denn die Vierer-Canadier sind die schnellsten Boote ihrer Klasse, sogar noch schneller als die doppelt so starken Achter, weil sie keinen Steuermann mitschleppen müssen. Bis 2010 waren Canadier-Rennen ein Sport für Kerle. Erst dann wurden Frauen-Canadier ins Programm offizieller Weltmeisterschaften aufgenommen.

THE WINNER IS … Polen für Fortgeschrittene. Bei Bydgoszcz (deutsch: Bromberg), müssen die Teilnehmer der IAAF Cross Country Championship 2013 mit schwierigem Gelände fertig werden und die Strecke im Myślęcinek-Park, ein 1.950 Meter langer Rundkurs mit einer Start- und einer Zielgraden, hat es in sich. Sechs Runden sind zu laufen, ein anstrengender Parcours mit Kurven, Steigungen, natürlichen Hindernissen und aufgewühltem Boden. Einziger Trost: Wer hier stürzt, fällt relativ weich. Weil das Feld der Läufer ziemlich dicht ist, kann ein einziger Sturz Verwirrung stiften. Kipyegon Korira aus Kenia liegt im Dreck, Timothy Toroitich aus Uganda befindet sich in freiem Fall. Das Spannende an diesem Bild ist die Frage: Wer wird das Rennen gewinnen? Wer sieht wie ein Sieger aus? Erstaunlich genug: Sieger ist der Mann, der am Boden lag, Kipyegon Korira. Sein Sturz kostete ihn sechs Sekunden. Er rappelte sich hoch, rannte an allen vorbei, ging mit 32:45 Minuten als Erster durchs Ziel und wurde Weltmeister.

ETHIOPIA
SEIKO
MERGA
BYDGOSZCZ 2013
BIRMINGHAM
BEKELE
ERITREA

IAAF
153
Canon
11
IAAF
Canon
14
IAAF
TDK

HART, HÄRTER, HARTING Zwei Meter Riesenfreude bei den Leichtathletik-Weltmeisterschaften in Moskau 2013. Diskuswerfer Robert Harting, Deutscher Meister, Europameister und Olympiasieger, hat mit einer Weite von 69,11 Metern zum dritten Mal seinen Weltmeistertitel verteidigt. Der Sohn eines Diskuswerfers und einer Kugelstoßerin wuchs in Cottbus auf; sein jüngerer Bruder Christoph ist ebenfalls Diskuswerfer. Robert Harting, in Deutschland zweifacher Sportler des Jahres, löste eine heftige Kontroverse aus, als er sich öffentlich für die Freigabe von Doping einsetzte. Der Sportsoldat der Bundeswehr widmete 2012 die Goldmedaille seinem in Afghanistan gefallenen Bundeswehrkameraden Markus Matthes. Diskuswerfen ist übrigens die einzige Sportart, in der Frauen vorn liegen. 1986 warf der DDR-Sportler Jürgen Schult den Diskus 74,08 Meter weit, ein Weltrekord, der bis heute nicht überboten wurde. Nur von seiner Genossin Gabriele Reinsch. Sie schaffte 1988 sogar 76,80 Meter. Allerdings wog ihre Scheibe auch nur die Hälfte.

DIE LETZTE HÜRDE Leichtathletik-Weltmeisterschaften in Helsinki 2005, Entscheidung beim 100-Meter-Hürdenlauf. Delloreen Ennis-London aus Jamaika liegt vor Joanna Hayes aus den USA, die auf den letzten Metern an der Hürde hängen bleibt. Weil Hürden den Laufrhythmus bestimmen, gilt die Disziplin als Zwangssprint. Die zehn 33 Inch (83,8 cm) hohen Hindernisse wollen nicht übersprungen, sondern überlaufen werden, für den Sprint zwischen den Hürden bleiben nur drei Schritte, der vierte setzt darüber hinweg. Die Amerikanerin siegte in ihrer Laufbahn mehrmals über 100 und 400 Meter Hürden. Seit sie im Sportzentrum der Sportler-Legende Jackie Joyner-Kersee trainierte, lief sie zu großer Form auf: Sie holte Gold bei den Panamerikanischen Spielen 2003 und bei den Olympischen Spielen 2004 in Athen. Durch ihr Missgeschick reichte es in Helsinki nur für den achten Platz. Delloreen Ennis-London lief nur als Zweite durchs Ziel. Ihr fehlte eine Zehntelsekunde. Michelle Perry aus den USA (nicht im Bild) war schneller.

NORDIC
NORDIC

POLSKA

DIE ZWEITE CHANCE Paralympics in London 2012. Lukasz Mamczarz hat sein Holzbein abgelegt und macht sich bereit für den Hochsprung, seine Disziplin. Für seinen Sprung über 1,74 Meter gewinnt er die Bronzemedaille. Früher, vor seinem Unfall, hat er Gabelstapler gefahren, Volleyball gespielt und auf ein Motorrad gespart. Es wurde sein Verhängnis. 2009 stürzt er schwer, das Bein ist nicht zu retten. In der Reha fragen sie ihn, ob er Sport treiben will. Er will nichts davon wissen, verdrängt das Thema. Am Ende fragen sie ihn noch einmal. Sport mit einem Bein? Leichtathletik? Hochsprung? Wie soll das denn gehen. Zbignew, sein Trainer, macht es ihm vor, läuft auf einem Bein zur Stange, macht einen lausigen Sprung. Aber nun weiß er, dass es geht, trainiert Hochsprung, kommt nach ein paar Monaten schon auf 1,30 Meter. Bei den Internationalen Deutschen Leichtathletik-Meisterschaften in Berlin überspringt er 1,82 Meter, seine Bestleistung, Europarekord. Er trainiert weiter. Sein Geld verdient er in einem Marketingbüro.

SANDSTURM IN PEKING Peking, Olympische Spiele 2008. Qualifikationsrunde im Dreisprung. Der Kubaner Alexis Copello landet im Sand der Sprunggrube, ein spektakuläres Schauspiel, festgehalten in einem Agenturfoto der european pressphoto agency (EPA) von Franck Robichon und mit dem World Press Photo Award (third prize sports action singles) ausgezeichnet. Für Alexis Copello hat es in Peking nicht ganz gereicht. Mit einer Weite von 17,09 Metern verpasste er knapp den Einzug ins Finale. Dreisprung gibt es seit der Antike. Der erste Olympiasieger der Neuzeit war 1896 ein Dreispringer. James Connolly aus Boston, USA, Sohn einer armen amerikanisch-irischen Familie, schmiss sein Studium an der Harvard University, um an den Spielen in Athen teilzunehmen. Er sprang ohne Anlauf 13,71 Meter und bekam wie alle Sieger eine Silbermedaille und einen Olivenzweig (olympisches Gold gab es noch nicht). Als späte Ehre wurde ihm – im Alter von 83 Jahren – die Ehrendoktorwürde seiner Universität verliehen.

NASS MUSS SEIN! Laci Perenyi schoss dieses spritzige Bild vom Finale des 3.000-Meter-Hindernislaufs bei den Olympischen Sommerspielen 1996 in Atlanta, es wurde zum Sportfoto des Jahres gewählt. Der Hindernislauf ist das Resultat eines Studentenulks, 1850 in Oxford nach einer Wette entstanden: Was Pferde können, können wir auch. Also rannten die Studenten, ohne Stiefel und Sporen, aber wie Jockeys mit Ausgleichgewichten über die Hürden. (Bei Pferden rechnet man für ein Kilo Gewichtsunterschied eine Länge Vorsprung.) Dieses Handicap wurde inzwischen abgeschafft, nicht aber der Wassergraben. In etwa siebeneinhalb Runden durchs Stadion wollen je fünf Hürden übersprungen werden, vier sind drei Fuß (91,4 cm) hoch und 13 Fuß (3,96 Meter) breit, damit sie von mehreren Läufern gleichzeitig genommen werden können. Die Hürde am Wassergraben misst 12 Fuß (3,66 Meter). Der Graben ist an der Hürde 70 Zentimeter tief, läuft aber nach 30 Zentimetern flach aus. Er ist lang genug. Niemand kommt trocken ans Ziel.

RENNEN, BIS DIE FLUT KOMMT Cuxhaven. Pferderennen auf dem Duhner Watt. Das Watt, Weltnaturerbe und normalerweise von Wattwürmern, Watvögeln und stundenweise von Wattwanderern bevölkert, dient einmal im Jahr als Rennstrecke für Traber und Galopper. „Watt für ein Vergnügen!", schrieb die Zeitschrift mare, in der die Fotoreportage von Florian Manz erschien. Das weltweit einzige Rennen auf dem Meeresboden, ausgerichtet vom Verein für Pferderennen auf dem Duhner Watt e. V. und der Kurverwaltung, kann naturgemäß erst stattfinden, wenn die Ebbe die Rennstrecke freigibt, was dauern kann, wenn starke Seewinde das Wasser an die Küste drängen. Das Duhner Wattrennen, vor mehr als hundert Jahren von einem Fischhändler ins Leben gerufen, lockt Tausende an die Küste. Ein Richterturm wird zusammengezimmert, hinterm Deich stehen Wettbüros und Sanitäter bereit. Die spritzige Schlammschlacht für rund 150 Traber und Galopper ist immer ein Rennen gegen die Zeit. In wenigen Stunden kommt die Flut und setzt alles wieder unter Wasser.

4
SEAT

ÜBER DIE HÜRDEN Großbritannien, Grafschaft Glostershire. Pferde jagen über die Hindernisse im Finale des Cheltenham-Festivals in der Grafschaft Glostershire. Der Klassiker des Hindernissports verspricht vier Tage Renn-Atmosphäre. Wenn die Startbänder fallen, geben 65.000 Zuschauer Laut, im legendären Cheltenham Roar, einer Art Urschrei. Cheltenham, eines der härtesten Pferderennen der Welt, ist ein gesellschaftliches Ereignis. Die exzentrische Mischung aus Lifestyle-Meeting, Modenschau und Schinderei steht für dramatische Stürze und spektakulären Horror für Ross und Reiter. Seit 2007 kamen in Cheltenham 50 Pferde ums Leben. „Pferde sind Pferde, ein Pferd kann man ersetzen", kommentierte der Jockey Ruby Walsh 2014 und rief damit einen Sturm der Entrüstung hervor. Doch erst einmal wird für 45 Millionen Pfund eine neue Tribüne errichtet. Sie soll „Arkle Stand" heißen, zu Ehren von Arkle, einem Pferd, dem ersten Champion, der vor 50 Jahren in Cheltenham mit zwanzig Längen Vorsprung durchs Ziel ging.

RODEO IN CALGARY Kanada. Bullenreiten auf einem fast tonnenschweren, wutschnaubenden Naturereignis ist ein fast unmögliches Unterfangen und gehört zu den Höhepunkten der Calgary Stampede. Dabei geht es nicht nur darum, länger als acht Sekunden auf dem Rücken des Tieres zu bleiben. Die Preisrichter vergeben Haltungsnoten für Mensch und Tier. Je wilder es buckelt, desto mehr Punkte werden gegeben. Der Kampf lohnt, zwei Millionen Dollar Preisgeld sind im Spiel. Die größte Rodeo Show der Welt lockt in zehn Tagen weit über eine Million Besucher (Dresscode: Jeans, karierte Hemden und Cowboyhüte) und zeigt seit mehr als 100 Jahren, was Cowboys können müssen, Wildpferde reiten mit und ohne Sattel, Bullen reiten, Bullen niederringen und Kälber fangen mit dem Lasso. Die Reiter sind gefeierte Idole, Profis, die von Rodeo zu Rodeo touren und wissen, wie man oben bleibt. Damit es keine Nachwuchsprobleme gibt, wird in der Provinz Alberta Rodeo an den Schulen schon als Schulfach für Zehnjährige (Leistungskurs) angeboten.

DRECKSKERLE UNTER SICH Der Spaß hat sich seit der Steinzeit kaum verändert: Jungs balgen sich gern im Dreck, trainieren Muskeln und Zugriff wie Beutegermanen oder Neandertaler, sie tun es im Baggermatsch, im Hinterhof oder auf der Wiese. In diesem Fall ist die Wiese ein Sportplatz in Orviedo in Asturien und die Rauferei hat einen Namen: Rugby. Deshalb gibt es auch eine Antwort auf die entscheidende Frage: Warum fallen die Jungs übereinander her? Worum geht es hier eigentlich? Es geht ums Ganze, um Ballbesitz, um eine elliptische Kugel, die verdammt leicht aus den Armen flutscht, zumal wenn sie feucht und glitschig ist wie der Norden Spaniens bei Regen. Das Festhalten erbeuteter Besitztümer gehört zur Überlebenstechnik des Homo sapiens und es ist nur erfreulich, wenn es nach sportlichen Regeln eines Clubs geschieht, in dem Raufbolde sich wie Gentlemen verhalten, die auch loslassen können (und müssen, wenn sie am Boden liegen). Im Gegensatz zum Fußball, wo Gentlemen sich bekanntlich wie Raufbolde benehmen.

TRÄNEN IM SCHLAMM Mount Snow, Vermont, USA. Offroad-Sportler beim Tough Mudder. Völlig geschafft von diesem Heldenlauf durch schweres Gelände findet die erschöpfte Athletin Trost beim Mannschaftskameraden. Teamgeist, Kraft und Ausdauer gehören zu den Anforderungen beim Tough Mudder, einer kraftraubenden Kombination von Matsch und Military: robben durch Dreck, rennen durchs Feuer, schwimmen, hanteln und vorwärts wühlen durch rund zehn Meilen abenteuerliches Gelände voller tückischer Hindernisse. Eisgefüllte Becken zwingen zum Hindurchtauchen, herabhängende Stromleitungen zum Kriechgang durch Schlammstrecken, fettverschmierte Halfpipes hindern am Fortkommen, glitschige Klettergerüste zeigen Wirkung – wer den Halt verliert, fällt in eiskaltes Wasser. Tough Mudder wurde 2010 in England gegründet und verzeichnet weltweit schon über eine halbe Million Teilnehmer. Als extremes Highlight zum Jahresende winkt World's Toughest Mudder, das 24-Stunden-Rennen für ganz harte „Tough Guys and Girls".

DIE MAUER VON ETON Eton College. Am St. Andrews Day 2012 kämpft eine Auswahl der 70 Stipendiaten (Collegers) der Eliteschule gegen eine Auswahl der etwa 1.250 zahlenden Schüler aus wohlhabenden Familien (Oppidians), eine ruppige Mischung von Rugby und Football aus dem Jahre 1766, die auf einem fünf Meter breiten Spielfeld gespielt wird. Spielziel ist es, den Ball mit den Füßen an der Wand so lange in eine Richtung zu bewegen, bis er das Tor an ihrem Ende erreicht. Das Problem ist nur: Die Mauer ist 110 Meter lang, und weil jede Mannschaft das Vorankommen der anderen nach Kräften behindert, soll das letzte Tor 1909 gefallen sein. Wie beim Rugby bilden die Schüler ein Bully, drücken die Gegner gegen die Mauer, das Ganze ist Schiebung mit aller Gewalt, Hautabschürfungen sind die Regel. Das Spiel dauert meist eine Stunde. Berühmte Spieler waren Londons Bürgermeister Boris Johnson (Colleger) und Ministerpräsident David Cameron (Oppidian), aber auch George Orwell, Aldous Huxley und John Maynard Keynes.

FUSSBALL IN SOWETO Torszene in Südafrika, ein Bolzplatz in Soweto, einfach mal abhängen. Der Gegner ist gerade nicht torgefährlich. Die South Western Townships von Johannesburg sind fußballverrückt. Es gibt drei Erstliga-Clubs, Fußballer aus Soweto spielen bei Leeds United oder Spartak Moskau. Das FNB Stadium, genannt Soccer City, Afrikas größtes Stadion (97.400 Plätze), war 2010 Schauplatz des Finales der Fußballweltmeisterschaft. In Soweto, der bevölkerungsreichsten Stadt Südafrikas, leben auf gerade mal 130 Quadratkilometern in 30 Townships etwa 3,5 Millionen Menschen, so viele Einwohner wie in Berlin. Hier begann 1976 der Aufstand der Schüler und Studenten gegen die Apartheid, die Politik der Rassentrennung in Südafrika; hier lebten die späteren Friedensnobelpreisträger Nelson Mandela und Desmond Tutu. Die Apartheid gehört der Vergangenheit an. Nur in Mitteleuropa gibt es noch Länder, in denen Fans Affenlaute von sich geben und Bananen auf den Platz werfen, um dunkelhäutige Spieler zu verhöhnen.

JAMAICA KIDS Ready! Steady! Go! Im Garden Town Sport Complex in Kingston, Jamaica, sprinten Schülerinnen um die Wette. Der karibische Inselstaat fördert seine Sportler früh, denn Sport ist in Jamaica ein ganz großes Ding; zwei Cricket-Stadien und das Stadion Independence Park sind international wettbewerbsfähig. Die Leichtathleten sind es auch. 1952 gewannen sie in Helsinki zweimal olympisches Gold. Seither sind sie im Rennen, die Commonwealth Games 2006 brachten zehn Goldmedaillen. Gemessen an der Einwohnerzahl zählt Jamaika zu den erfolgreichsten Sportnationen, mit Superstars wie der Weltmeisterin und Olympiasiegerin Veronika Campbell und Usain Bolt, dem schnellsten Mann der Welt über 100 und 200 Meter. Die Reggae Boyz kamen 1998 sogar in die Endrunde der Fußball-WM und unbeeindruckt starten die als Exoten belächelten Sportler der Bobmannschaft bei Olympischen Winterspielen, obwohl die Karibikinsel für solche Sportarten kaum die richtigen Temperaturen aufweist.

SEIFENKISTENRENNEN IN BERLIN Berlin, Kreuzberg, im Juni 2009. Beim 50. Berliner Seifenkisten-Derby auf dem Mehringdamm in Kreuzberg ist die Nachwuchspilotin mit Schwung von der schrägen Startrampe aus auf die 325 Meter lange Rennstrecke gesaust, bis zu 40 km/h schnell. Sie ist in der Juniorklasse gestartet (8 bis 12 Jahre, Höchstgewicht für Kiste und Pilot 90 kg). In der Seniorenklasse sind 113, in der Elite-XL-Klasse 125 kg erlaubt (beide bis 18 Jahre). Seit 1904 gibt es die Rennen mit selbst gebastelten, antriebslosen Kleinfahrzeugen. Sie heißen Seifenkiste (amerikanisch Soap Box), weil einem Fotoreporter der Daily News in Dayton, Ohio kein treffenderer Name eingefallen war. Er hatte zugesehen, wie Jugendliche ihre Rennautos aus hölzernen Verpackungskisten zusammenbauten, und berichtete 1933 über das erste Soap Box Derby der Welt. In Berlin erwacht der Nachkriegssport für bastelnde Jungen und Väter zu neuem Leben. Rund 70 Kinder waren am Start und zwanzig jugendliche Slalom-Skateboarder. Der älteste war 46.

www.joker team.de
Team Berlin

AM ABGRUND Bungee-Springer suchen das bodenlose Hochgefühl. Der ganz große Kick ist der Sprung ins Nichts mit dem Fahrrad. Dabei ist es für den schottischen Bungee-Biker Adam Flint, der sich von der Garry Bridge bei Pitlochry in den Abgrund stürzt, von besonderem Reiz, dass 40 Meter unter ihm kein Radweg wartet, sondern Wasser fließt. Die Frage, ob das noch Radsport ist, stellt sich dem Highlander nicht. Diese Radtour kennt keine Reifenpanne und braucht keine Felgenbremse. Natürlich nicht. Aber nur im freien Fall kommt ein Mountainbiker in wenigen Sekunden von Null auf über 80 km/h, ehe ihn das Bungee-Spezialseil stoppt, in den Rebound zurückschwingen und noch einmal fallen lässt, bis es am Ende zur Ruhe kommt. Ein Risikosport ist das nicht, denn die Seile gelten als sicher, eher eine sinnfreie Mutprobe wie Achterbahnfahren oder S-Bahn-Surfen. Der Todessprung als ultimativer Thrill, einmal Selbstmord und retour, Angstlust gegen Gebühr, das Business boomt, ein Geschäft mit Zukunft.

SCHUSSFAHRT IM SCHLAMM Chámpery, Schweiz, Kanton Wallis. Der Brite Gee Atherton trainiert für den UCI MTB Downhill Worldcup 2010, wie der Fotograf Philipp von Ditfurth berichtet, ein selten sonniger Moment. Es hat nämlich während des ganzen Wochenendes nahezu konstant wie aus Kübeln geregnet. Chámpery ist ohnehin schon einer der steilsten und technisch schwierigsten Kurse, und der Regen hat die Strecke in eine Matschorgie verwandelt. „Ich bin abends mit Matsch eingesaut ins Hotel zurückgekommen, um dann erst mal meine Kamera von einer fingerdicken Schlammschicht zu befreien." Gee hat sich von der Wetterlage nicht beeindrucken lassen. Er ging als Sieger durchs Ziel und gewann im selben Jahr auch noch den Gesamt-Weltcup. Die Momentaufnahme vom Training erzählt aber noch eine zweite Geschichte: Wie Sport und Sporttourismus eine Kulturlandschaft verändern, die mit einer Kabinenseilbahn und 40 Sessel- und Schleppliften möbliert ist und in der es sich nicht mehr rechnet, Kühe auf die Alm zu treiben.

Red Bull

RED BULL IN UTAH Radfahren als Luftnummer gehört zu den Spezialitäten von Brandon Semenuk. Christian Pondella fotografierte den Champion unter den Mountainbike-Freeridern beim Red-Bull-Rampage-Finale 2013 in Virgin, Utah, USA. „Ich schaue mir erst mal an, wo die anderen Fotografen stehen und versuche, dann etwas völlig anderes zu machen", berichtet er. „Für dieses Bild montierte ich meine Kamera auf eine knapp fünf Meter lange Teleskopstange und nahm das Foto mit dem Fernauslöser auf. Ich konnte die Kamera so über Brandon positionieren, dass ich in die Leere hineinfotografierte. Das Foto zeigt, wo er herkommt und wo er hinspringt." Brandon weiß genau, wie schnell er sein muss, um beim Landen den richtigen Punkt zu treffen, ohne zu stürzen. Aufgewachsen in Whistler, BC, Kanada, strampelte er schon als sechsjähriger Easy Rider mit dem Mountainbike in die Berge. 2008 sicherte er sich mit 17 Jahren den ersten Red-Bull-Rampage-Titel; flugs gewann er auch 2011 und 2013 die Freeride Mountain Bike World Tour.

KLAPERJAHT
302
GB 7261
KLAPERJAHT 2012
230

FORMULA OFFROAD IN SCHWEDEN Schweden. Bei Bålsta pflügen Monstertrucks durch den Wald, ein wahrhaft aufwühlendes Naturerlebnis. Rallyewerk Formula Offroad nennt sich diese Extremsportveranstaltung für die Fahrer überdimensionierter, allradgetriebener Kraftfahrzeuge. Für die Nordmänner gilt Helmpflicht. Die gewaltigen Motoren leisten, unterstützt von Turboladern, 1.000 PS und mehr und haben keine Schalldämpfer. Das heißt: voll die Dröhnung. Ohrenbetäubender Maschinenlärm hallt von den Stämmen wider wie ein brüllendes Gelächter über jeden Umweltgedanken, über die Vergeudung fossiler Energie oder den Schutz der Waldnatur. Wälder sind in Schweden Produktionsflächen und hier produzieren sie einen Riesenspaß. Die Formula Offroad kommt aus Island, drang über Norwegen, Finnland und Schweden nach Süden vor und hat sogar schon Dänemark erfasst. Was als Raserei über Steilwände und Schutthaufen, Steinbrüche oder Kiesgruben begann und nun durch die Wälder nach Süden zieht, wird sicher irgendwann auch Monte Carlo erreichen.

HONDA
NATIONAL GUARD
14

CRASH IN LAS VEGAS Las Vegas Motor Speedway, 16. Oktober 2011. Massenkarambolage im Saisonfinale der IZOD IndyCar Weltmeisterschaft. 15 Wagen sind beteiligt. Der Australier Will Power, dessen Wagen durch die Luft fliegt, kann das Auto ohne fremde Hilfe verlassen, aber der 33 Jahre alte Brite Dan Wheldon stirbt an seinen schweren Verletzungen. Der Rekordmeister, der zweimal das prestigeträchtige Rennen Indianapolis 500 gewonnen hatte, war diesmal als Letzter gestartet. Als Sieger hätte er 5 Millionen US-Dollar gewonnen, die Hälfte für sich, die andere für einen ausgelosten Fan. Die 11. Runde wurde ihm zum Verhängnis. Sein Wagen wirbelte durch die Luft, die Fahrerzelle krachte in die Fangzäune. Wheldon starb im Krankenhaus an seinen Kopfverletzungen. Das Rennen wurde abgebrochen, stattdessen fuhren die Fahrer fünf Ehrenrunden für den toten Kollegen. Bei Ovalkursen wie in Las Vegas kommt es immer wieder zu schweren Unfällen. Die Strecken sind für Geschwindigkeiten über 300 km/h einfach zu gefährlich.

VOR SONNENUNTERGANG So sieht es aus, wenn Stefan Warter einen Sonnenuntergang fotografiert. Barcelona im Mai 1998. Michael Schuhmacher dreht die letzte Runde einer Testfahrt auf dem Circuit Catalunya. Der Formel-1-Pilot donnert in seinem Ferrari F 300 mit hoher Geschwindigkeit über eine Gerade der 4,7 Kilometer langen Rennstrecke und tritt vor einer engen Kurve voll in die Bremsen. Die tief stehende Sonne glüht und verwandelt den aufwirbelnden Dreck und Bremsstaub in eine rote Fahne. Am nächsten Tag kommt der Weltmeister vor 190.000 Zuschauern nach 65 Runden und 307,320 Kilometern nur als Dritter durchs Ziel. Der Ferrari F 300 des Jahrgangs 1998, eine komplette Neuentwicklung, erwies sich als hoch sensibel. Die Aerodynamik war nicht optimal, neue Frontflügel und ein neuer Diffusor schufen Abhilfe, auch am Chassis wurden Flügel angebaut, aber aus Sicherheitsgründen verboten; der Radstand wurde verlängert und der Drei-Liter-V-10-Motor zweimal überarbeitet. Formel-1-Rennwagen werden nie fertig.

KOPFBILD, ITALIENISCHE SCHULE Monza am 13. September 1998. Ein italienischer Fan hat sich für den Grand Prix von Italien den Helm von Michael Schumacher auf den Kopf malen lassen, ein Kunstwerk, das den Maler einige Stunden in Anspruch genommen haben dürfte. Das schwarze Pferdchen Cavallino Rampante, Logo der Scuderia Ferrari, und der unverwechselbare Schriftzug des Sponsors Marlboro zeigen die hohe Schule italienischer Malerei, aber auch, wozu ein Tifoso (von Tifo, Typhus) fähig ist. Die Leidenschaft, die italienische Fußballfans ebenso wie die Freunde der Formel 1 erfasst, gleicht einem hoch ansteckenden Fieber, das mit vorübergehendem Kontrollverlust einhergeht. Ungewöhnlich ist aber in Italien die ungebremste Verehrung für einen Deutschen. Der Rennfahrer Michael Schumacher aus Kerpen am Niederrhein brachte Italien zeitweise in einen Ausnahmezustand. Insgesamt startete der erfolgreichste Pilot in der Geschichte der Formel 1 in 307 Grand-Prix-Rennen und holte sieben Weltmeistertitel, davon fünf für Ferrari.

DER BISON GIBT GAS So sieht es aus, wenn ein Powerboat auf einen Katzensprung ins Mittelmeer brettert. Zum Grand Prix von Italien klopft Hannes Bohinc schon mal das Wasser ab. Auf der Rennstrecke von 100 nautischen Meilen (ca. 180 km) müssen rund 25.000 Wellen abgeritten werden, das Boot macht dabei Sprünge bis zu 20 Meter. Der Österreicher Bohinc startet mit seinem Boot Wettpunkt.com als Rennstallbesitzer und Gasgeber (Throttleman) neben dem Piloten. Der Unternehmer wird auch „Bison Bohinc" genannt, nicht, weil er wie ein Wasserbüffel fährt, sondern weil er der zweitgrößte Büffelzüchter in Europa ist. Seit 1984 im Rennbetrieb, sammelte er zahlreiche Trophäen, wurde als mehrfacher Grand-Prix-Sieger gefeiert, lernte aber auch die Gefahren dieser Risikosportart kennen, als sein Boot sich vor Buenos Aires überschlug, im Schlamm stecken blieb und die Luke sich nicht öffnen ließ. „Ich war acht Minuten ohne Sauerstoff, ehe mich die Rettungskräfte herausholten. Ich war klinisch tot", berichtet er später.

KRACH IN DER LÜBECKER BUCHT Powerboat P1 World Championships 2005 in Travemünde. Powerboat-Renner sind eine Sportart für Millionäre, die ihr Vermögen gern offshore investieren. Und ein gesellschaftliches Ereignis. Xenia, Prinzessin von Sachsen und Herzogin zu Sachsen, führt Interviews in der Musikmuschel, die Lifestyle Community ist anwesend und der Brite James Cracknell steuert als Promi ein Powerboat in die Lübecker Bucht. Der zweifache Goldmedaillengewinner und dreifache Weltmeister im Vierer ohne Steuermann, der an einem einzigen Tag Weltmeister im Zweier mit und im Zweier ohne Steuermann wurde, ist immer offen für ein Abenteuer. 2006 ruderte er beim Atlantic Rowing Race im Zweier mit einem TV-Moderator 4.700 Kilometer über den Atlantik. Danach wanderte er 750 Kilometer mit Schlitten ohne Hund durch die Antarktis. 2010 wurde er beim Versuch, auf dem Rennrad, im Ruderboot, zu Fuß und als Schwimmer in 18 Tagen von Los Angeles nach New York zu reisen, von einem Tanklaster gestreift und schwer am Kopf verletzt.

041
030

DAS HIMMELFAHRTSKOMMANDO Das polnische Air Force Aerobatic Team fliegt Loops als Formation; Rauchgeneratoren ziehen Linien in den Himmel über dem Luftwaffenstützpunkt Radom. Die kühne Luftnummer ist eine Paradedisziplin militärischen Formationsflugs. Die Kunstflugstaffel, 1998 als Orlik Aerobatic Team an der Offiziersschule der Luftwaffe gegründet, soll die Ausbildung der Piloten fördern. In riskanten Figuren und Formationsflügen testen sie die Grenzen der Aerodynamik und der Turboprop-Flugzeuge (Typ PZL-130 TC1 „Orlik") aus. Im Tiefflug ist das besonders spektakulär, aber Fehler lassen sich dann kaum noch korrigieren. Deshalb sind Flugschauen die gefährlichsten Sportveranstaltungen für Zuschauer. 1988 endete der Flugtag von Ramstein mit 70 Todesopfern und 1 000 Verletzten; drei Flugzeuge der italienischen Frecce Tricolori waren in 40 Metern Höhe zusammengestoßen. 2002 stürzte ein russisches Jagdflugzeug bei Lemberg (Ukraine) in die Zuschauer und riss 86 Menschen in den Tod. Über 500 wurden verletzt.

DER SCHUB DER HINTERMÄNNER Altenberg, Sachsen, 1991. Weltmeisterschaften im Viererbob. Die ersten 50 Meter sind entscheidend, die Anlaufzone ist ungefähr 15 Meter lang, und die Anschieber legen alle Kraft in den Start. Nur extrem stark gebaute Sprinter mit explosivem Schnellkraftvermögen können in der Weltklasse bestehen, meist ehemalige Sprinter oder Zehnkämpfer. Anschieber laufen 100 Meter in weniger als elf Sekunden und bringen einen 230 Kilo schweren Schlitten auf den Weg, der mit Besatzung bis zu 630 Kilo wiegt und mit 140 km/h durch den Kunsteiskanal donnert. Alle Viererbobs in der Topklasse sind nahezu gleich schnell, am Ziel sind es oft nur Tausendstelsekunden, die über den Sieg entscheiden, und es ist unbestritten, dass es meistens die Anschieber sind, die das Gold holen. In kaum einer sportlichen Disziplin ist Deutschland (Ost und West) so erfolgreich: 124 von 330 WM-Medaillen, 47 von 110 Weltmeistertiteln, 32 von 87 olympischen Medaillen, zwölfmal Gold. Im Eiskanal ist Deutschland kaum zu schlagen.

JAMAICA

REGGAE IM EISTUNNEL Calgary 1988. Zum ersten Mal startet das Viererbob-Team aus Jamaika bei den Olympischen Winterspielen. Die tropische Karibikinsel kennt mittlere Temperaturen zwischen 25 und 27 Grad, aber keinen Schnee. Den kuriosen Einfall, es doch einmal mit Wintersport zu probieren, hatten zwei US-amerikanische Geschäftsleute, die in Jamaika einem Seifenkistenrennen zusahen. Sieht aus wie Bob ohne Eis, fanden sie und stellten ein Team zusammen: Devon Harris (Leutnant der Armee), Dudley Stokes (Kapitän der Luftwaffe), den Reservisten Michael White und den Eisenbahntechniker Samuel Clayton. Die Story der Wintersportler aus den Tropen wurde als „Cool Runnings“ ein Kinoerfolg. Zwar lief es im Eistunnel von Calgary noch nicht rund, aber in Albertville schafften sie es 1992 auf den 14. Platz vor den USA, Frankreich und Russland, der Zweierbob sogar auf Platz 10. Bei den Anschub-Weltmeisterschaften in Monte Carlo holten sie 2000 Gold, ebenso im Vierer-Wok bei der 12. Wok-WM 2014 auf Pro Sieben in Berchtesgaden.

PAS DES DEUX Rostock. Fußball-Bundesliga 2004. Kampf der Kulturen, Schwarz gegen Weiß, Ost gegen West, Arm gegen Reich, Verein gegen Weltkonzern, FC Hansa Rostock gegen Bayer 04 Leverkusen, an der Ostsee kämpft Afrika gegen Lateinamerika, Razundara Tjikuzu aus Namibia gegen Diego Placente, Abwehrspieler aus Argentinien mit italienischem Pass. Die Legionäre kicken mit vollem Körpereinsatz. Höher kann ein Mann sein Bein kaum heben. Die Partie endete 2:0 für Bayer Leverkusen. Bald danach kehrten die beiden Profis in ihre Heimatländer zurück, ihr Gastspiel in Deutschland währte nur kurz. Tjikuzu, als Sechzehnjähriger vom SV Werder Bremen entdeckt, hatte es nicht so mit der Disziplin, Beziehungsprobleme, Alkohol. Auch in Rostock kam er nicht mehr richtig auf die Füße, fehlte unentschuldigt beim Training. Das war das Aus. Placente, 27, wechselte von Leverkusen zu Celta Vigo und Girondins Bordeaux. Einmal kam er noch aus Argentinien nach Deutschland. Und wurde prompt verhaftet. Steuerschulden.

EVONIK
bvb

WAS WIRD HIER EIGENTLICH GESPIELT? Mainz. Fußball-Bundesliga 2013. Die große Frage für Feldspieler im Zweikampf: Wohin mit den Händen? Robert Lewandowski (Borussia Dortmund, links) und Sebastian Polter (FSV Mainz 05) entscheiden sich für den beherzten Zugriff, was nach den Regeln nicht als Handspiel gilt. Fußball ist Kampfsport. In dieser Partie, die Dortmund 3:1 gewann, musste Sven Bender vom Platz gestellt werden, der in vorangegangenen Spielen einen Nasenbeinbruch, einen Kieferbruch und eine Augapfelprellung davontrug. Zwei Verletzte pro Spiel sind die Regel. Am häufigsten sind Sprunggelenk, Kniegelenk oder der Kopf betroffen; Wundversorgung von Platzwunden am Spielfeldrand ist Routine. Weil nähen zu lange dauert, wird geklammert. Ohne Betäubung. Unvergessen ist Jürgen Klinsmanns Kopfverletzung in der englischen Premier League vor der WM 1998. Ein Teamkamerad: „Wir dachten, er stirbt." Ein Physiotherapeut: „Sein Kieferknochen steckte im Mund." Am Ende war es ein Haarriss im Unterkiefer. Schlimm genug.

DIE WAHRE MITTE VON BERLIN Berlin, 17. Mai 2014, 19 Uhr 51. Pokalfinale zwischen Borussia Dortmund und Bayern München. Das Olympiastadion kurz vor dem Anpfiff. Auf dem Spielfeld werden die Vereinswappen und ein Großplakat mit dem Pokal präsentiert. Das Stadion ist mit 76.197 Zuschauern ausverkauft. Im Vordergrund zeigen die Bayern-Fans ihre Farbe, Rot; auf der gegenüberliegenden Seite zeigen Dortmunds Anhänger Schwarz-Gelb. Ihre Mannschaft wird in gelben Trikots, schwarzen Hosen und schwarz-gelben Stutzen spielen, die Bayern in rot-blau gestreiften Trikots, roten Hosen und weißen Stutzen. Das Stadion, auf Anordnung Adolf Hitlers zu den Olympischen Sommerspielen 1936 erbaut, ist ein Erdstadion nach antikem Vorbild, von dem nur der Oberring über das Erdniveau herausragt. Im Westen wird das Oval durch eine Öffnung über dem Marathontor unterbrochen. Im Krieg wurden in den Katakomben Zünder produziert. Nach der Befreiung ließen die Briten die Ehrentribüne dort, wo Hitler gestanden hatte, um zwei Meter kürzen.

KUMMER FÜR SCHWEDEN Kiew am 15. Juni 2012. Fußball-Europameisterschaft. Achtelfinale. England gegen Schweden. Ein Krimi. 64.000 Zuschauer sehen das Spiel. Viele Fans sind ihren Nationalmannschaften in die Ukraine nachgereist. Die Schweden tragen blau-gelbe Nationalfarben, kamen in Feierlaune mit Zopfperücken, die an Pippi Langstrumpf erinnern, wenn sie nur nicht so schrecklich traurig wären. Es lief doch alles prächtig. Die Schweden hatten England die Führung abgenommen, aber die holten wieder auf und gewannen am Ende mit einem lässigen Hackentrick das Spiel mit 3:2 Toren. Eine nationale Katastrophe: Schweden aus dem Spiel, hat nicht mal die Vorrunde geschafft. Die Mannschaft kann nach Hause reisen. Der Schock steht den bezopften Fans ins Gesicht geschrieben. Fußball ist ein Sport der großen Gefühle. Wer sagt, dass echte Männer nicht weinen können? Sie tun es, auch wenn sie es hinter albernen Sonnenbrillen verbergen. Es ist einfach zum Heulen. Und in der englischen Kurve singen sie „God save the Queen".

DER UNTERGANG DEUTSCHLANDS Berlin, Straße des 17. Juni. Zwei Fahnenjunker beim Gedankenaustausch am Rande der Fanmeile. Übertragen wurde das Endspiel der Europameisterschaft 2008, Deutschland gegen Spanien, und es lief nicht gut; Deutschland unterlag 0:1. Aus der Traum, 450.000 Fans, siegesgewiss und in Feierlaune, tragen Staatstrauer. Ein einziger Fußtritt genügt (von Fernando Torres in der 33. Minute mit rechtem Fuß ins linke Eck) und die Stimmung kippt. Deutschlands größte Fanmeile, Berlins schwarz-rot-goldener Karneval, bierseliges Volksfest auf 1,8 Kilometer Straße zwischen Siegessäule und Brandenburger Tor mit sieben Großbildschirmen, kanalisiert das deutsche Nationalgefühl aufs Wesentliche: Ballbesitz und Siegtore. Ein Endspiel ohne Siegtor ist für die Fußballnation ein Drama, der zweite Platz eine Tragödie. Die Spaßgesellschaft schaltet um auf Weltuntergang. Im Fußball gibt es keine Silbermedaille und stattdessen schlechte Presse. Millionen Experten wissen, was wieder mal schief gelaufen ist auf dem Platz.

ANGELA FLIPPT AUS Wo gibt es das noch? Ein Staatsakt, bei dem die Spitze einer europäischen Macht vollständig versammelt ist, umgeben von Honoratioren aus Wirtschaft und Verbänden, und alle rasten aus? Im Olympiastadion in Berlin, beim Frauenfußball! Von links nach rechts jubeln Steffi Jones (Präsidentin des Organisationskomitees der Frauenfußball-WM 2011), Christian Wulff (Bundespräsident) nebst First Lady Bettina, Sepp Blatter (Präsident der FIFA); mit erhobenen Fäusten: Dieter Zetsche (Vorstandsvorsitzender der Daimler AG) und im Zentrum Angela Merkel (Bundeskanzlerin). Theo Zwanziger (Präsident des Deutschen Fußballbundes) knufft Irmingard Schewe-Gerigk (Vorstand von Terre des Femmes); in Grau: Norbert Lammert (Präsident des Deutschen Bundestages) neben Michel Platini (UEFA-Präsident). Was ist passiert? Deutschland hat im Spiel der Gruppe A gegen Kanada ein Tor geschossen. Deutschlands Frauen sind weiter. Doch am Ende reicht es nur für Platz vier. Fußballweltmeister werden die Frauen aus Japan.

EIN FEST FÜR DORTMUND Der Pott kocht. Finale der UEFA Champions League am 25. Mai 2013. Zum ersten Mal stehen im Londoner Wembley-Stadion mit dem BV Borussia Dortmund und dem FC Bayern München zwei deutsche Mannschaften im Finale. Am Friedensplatz in Dortmund verfolgen einige Tausend Fans das Spiel im Public Viewing auf einem Riesenschirm, unübersehbar die Vereinsfarben Schwarz-Gelb. Die Behörden hatten vor großem Andrang gewarnt, rieten Familien mit Kindern, lieber zu Hause oder im Stammlokal zu bleiben. Feuerwehr, Polizei und Rettungsdienste waren in Alarmbereitschaft. Doch das Großereignis blieb ungestört. Nur ein Fan war frustriert: Jürgen Burkard, der Fotograf, denn er konnte das Spiel nicht sehen. „Ich stand auf dem Dach des Rathauses, schräg über dem Bildschirm, direkt neben dem Polizeifotografen. Alle Agenturkollegen waren schon lange fort und unten im Publikum." Die erste Halbzeit war im vollen Gang. Was er sah und was er festhalten konnte, war der Moment, in dem Dortmund einen Eckball schoss.

SCHLUSSMANN DES JAHRHUNDERTS Ein Fan und sein Idol. Die Anbetung des Torwarts Sepp Maier hat ihre Berechtigung. Ein Torwart sieht der Gefahr ins Auge, wehrt sie ab, gebietet den Angreifern Einhalt, die in böser Absicht in den geschützten Raum vordringen wollen, der ihm anvertraut ist. Kein Wunder, dass junge Menschen zu ihm aufblicken. Ein Torwart kann fliegen, er ist die Nummer eins, die Autorität, auf die alles zuläuft, die über Glück und Unglück entscheidet, er hat – im übertragenen Sinne – das letzte Wort. Josef Dieter Maier, in 95 Länderspielen der Sepp der Nation, in 700 Pflichtspielen Rekordspieler des FC Bayern München, immer sprungbereit, die „Katze von Anzing“ gilt als einer der besten Torhüter der Welt. Er stand im Tor, als seine Teams Deutscher Meister, Europameister und Weltmeister wurden, hielt den Europapokal der Pokalsieger in Händen und den der Landesmeister. Der gelernte Maschinenschlosser schrieb sechs Bücher über sein Berufsleben, darunter eins mit dem genialen Titel: „Ich bin doch kein Tor“.

EIN MANN SIEHT ROT Selten war ein Rücktritt von der Weltbühne des Fußballs so aufgeladen wie der von Zinédine Zidane beim WM-Finale 2006 in Berlin. Er hatte das erste Tor für Frankreich geschossen, Marco Materazzi das erste für Italien. In der 109. Minute stand es immer noch 1:1. Da zupfte Materazzi Zidane am Hemd und es entspann sich ein spielentscheidender Dialog. Zidane (herablassend): „Nach dem Spiel kannst du es haben.“ Materazzi: „Ich hätte lieber deine Schwester, die Nutte.“ Eine taktische Meisterleistung. Der Italiener wusste, wie er Frankreichs gefährlichsten Spieler ausschalten konnte, dessen größte Schwäche sein Jähzorn ist. 14-mal war er schon wegen Foulspiels vom Platz gestellt worden. Jetzt rammte er Materazzi den Kopf gegen die Brust. Alle konnten es sehen. Rote Karte und Platzverweis für Zidane, den dreifachen Weltfußballer des Jahres. Die FIFA sperrte ihn für drei Spiele. Aber das ließ ihn kalt. Er hatte ohnehin angekündigt, seine aktive Laufbahn zu beenden. Italien wurde Weltmeister.

POLDIS HOSENROLLE Barclays Premier League. 16. März 2014. Tottenham Hotspur gegen Arsenal London. Endstand 0:1. Lukas Podolski, Spielmacher polnischer Herkunft mit deutschem Pass, ist begeistert. Ein Showtalent, in Köln, wo er seit seinem zehnten Lebensjahr Fußball spielte, war er „Prinz Poldi“, im Vereinigten Königreich wird er Pod genannt („In Pod we trust“). Die Trikots mit seinem Namen verkaufen sich glänzend. Auch seine Hosen sind ein gutes Geschäft. Er wirbt gelegentlich mit nackter Brust als Model für Unterhosen der Firma Adidas. Die sind allerdings schwarz. Doch für die Fußball-Weltmeisterschaft in Brasilien hat Adidas, Ausstatter der deutschen Nationalmannschaft, sich für die Farbe Weiß entschieden. Auch Poldi ist nominiert, kann also mit weißen Trikots und weißen Hosen das Spiel machen. „Die weiße Hose symbolisiert die Leichtigkeit des deutschen Spiels", ließ Jürgen Rank, Chef-Designer für Fußballbekleidung bei Adidas verlauten. „Sie ist ein Statement von Klasse, Eleganz und Spielfreude.“

EIN MANN ZUM FÜRCHTEN WM-Qualifikation in der Arena auf Schalke. Deutschland gegen Finnland. Torwart Oliver Kahn verteidigt sein Reich zwischen Pfosten und Latte mit vollem Einsatz, auch die eigene Viererkette bekommt einiges zu hören. Kahn ist berühmt für seine Ausfälle, seinen Zorn und seinen beherzten Zugriff, ein Mann zum Fürchten, einer, der so schnell keinen Ball vorbeilässt. Dieses Spiel endet 0:0. In seinen Anfangsjahren wurde er noch mit Bananen beworfen, weil übermütige Zuschauer ihn mit einem Gorilla verwechselten, später wurde er der „Titan", dreifacher Welttorhüter des Jahres, geehrt mit dem Goldenen Ball als bester Spieler der Weltmeisterschaft 2002, in der Bundesliga bei Bayern München der Fels in der Brandung, der in 19 Spielen hintereinander kein einziges Tor kassierte. Nach 557 Spielen in der Bundesliga und 100 Einsätzen in der Champions-League beendete er 2008 seine aktive Laufbahn. Einmal wurde er gefragt, woran es denn bei einem Spiel gegen Schalke gefehlt habe: „Eier, wir brauchen Eier!"

BALLACK DER GROSSE Leverkusen, 30. September 2000. Den Ball hochzuhalten zählt zu den Standards virtuosen Fußballspiels, in diesem Fall ist es eine eher herablassende Demonstration körperlicher Überlegenheit. Michael Ballack, 189 cm groß, zeigt Thomas Häßler, 166 cm, dass der kleine „Icke" einfach nicht an ihn heranreicht, eine Szene am Rande des Spiels zwischen Bayer Leverkusen und 1860 München, das 0:0 enden sollte. In der Nationalmannschaft spielten die beiden oft und gern zusammen. Ballack schoss als langjähriger Kapitän und torgefährlichster Mittelfeldspieler 42 Tore für Deutschland, der zehn Jahre ältere Häßler spielte 400-mal in der Bundesliga und war in 101 Länderspielen dabei. Sonnyboy Ballack war auch als Werbeträger für Adidas, McDonald's, Samsung, Sony, Pepsi und ab-in-den-urlaub.de gefragt, die Trikotnummer 13 war sein Markenkern. Heute sind beide nicht mehr aktiv. Ballack arbeitet als Studioexperte des US-amerikanischen Sportsenders ESPN, Häßler als Assistenztrainer im Iran.

TORJUBEL BEI HERTHA Es ist nicht irgendein Tor, das solchen Jubel auslöst, auch nicht irgendein Spiel, nicht irgendeine Stadt. Am 5. Mai 2012 fiel die Entscheidung, ob Berlin (3.415.091 Einwohner), Hauptstadt einer Fußballnation, noch in der ersten Liga mitspielen darf. Hertha BSC, am letzten Tag der Bundesliga vom Abstieg bedroht, siegte mit 3:1 Toren gegen den Verein TSG Hoffenheim (Stadtteil von Sinsheim an der Elsenz mit 3.263 Einwohnern). Am Jubel, wenn auch nicht am entscheidenden Tor beteiligt: die Verteidiger Peter Niemeyer (links) und Roman Hubnik. Für Hoffenheims Torwart Tom Starke steht die Welt Kopf. Dabei war er in dieser Partie nach einhelliger Meinung der Kommentatoren bester Spieler auf dem Platz. Sechsmal schossen die Berliner aufs Tor. Dreimal hat er mit Bravour gehalten. Mit dem überraschenden Ergebnis konnte sich Hertha auf einen Relegationsplatz retten. Allerdings nur für wenige Tage. Dann verlor Berlin gegen Düsseldorf und musste für eine Saison in die Zweite Liga.

DB
Mobility
Networks
Logistics
DB

CHEERLEADER AUF JUIST Juist, ostfriesische Nordseeinsel mit 1.553 Einwohnern, berühmt als „schönste Sandbank der Welt", unterhält eine eigene Cheerleader-Abteilung. Der Nachwuchs sieht der Mannschaft des TSV Juist e. V. beim Aufwärmen zu, deren Spiel sie bejubeln soll. Cheerleading, das choreografierte Anfeuern als Dreiminuten-Show, in den USA und Kanada beim Wrestling, Basketball, American Football oder Eishockey längst vertraute Randerscheinung, hat sich als eigene Sportart etabliert. Allein in Deutschland gibt es schon mehr als 400 Teams (Squads) und zwei Verbände mit Alleinvertretungsanspruch. Üblicherweise sind Cheerleader unterteilt in Peewees (bis 12 Jahre), Juniors bis 16 und Seniors – je nach Verband ab 14 oder 16 Jahren. Bei den Peewees wird gecheert, gestuntet und getumbelt, werden die Arme bewegt (Motions), gesungen (Chants) oder getanzt, Mädchen oder Jungs als Flyer geworfen und aufgefangen oder Pyramiden gebildet (Groupstunts). Als Hilfsmittel (Props) sind Puschel oder Pompons zugelassen.

Cheerleading
Juist
Juist

TREFFERQUOTE Olympische Sommerspiele in Peking 2008, Bogenschießen, Ringwertung im Zielgebiet. In vier Wettbewerben kamen 64 Männer und 64 Frauen zum Schuss. Olympische Recurvebögen in Kompositbauweise mit Visier und Stabilisatoren bringen die Pfeile auf eine Abschussgeschwindigkeit von rund 330 km/h. Besser also, es steht niemand im Weg. Das Schießen wird über Ampeln gesteuert. Bei Grün sirren zwei mal 36 Pfeile über die Distanz von 70 Metern. Von zwölf Medaillen gingen fünf an Südkorea, drei an China und je eine an die Ukraine, Italien, Frankreich und Russland. Die Präzisionssportart ist eine der ältesten in der Geschichte der Menschheit. Die Welt ist voller Pfeilspitzen, die Distanzwaffe ist seit dem Jungpaläolithikum, also seit mindestens 14.000 Jahren, in Gebrauch und noch heute werden Primitivbogen, Langbogen und Reiterbogen gespannt. In zivilisierten Ländern wie Deutschland, Österreich und der Schweiz, aber auch in Großbritannien, Irland, Griechenland und Rumänien ist die Bogenjagd verboten.

DIE STILLE VOR DEM STOSS Berlin, Halbfinale im Snooker Turnier German Masters 2011 im Tempodrom. Der Engländer Mark Selby, amtierender Weltmeister, prüft die Lage. Hinter ihm der Schiedsrichter und der schottische Gegenspieler Graeme Dott. Snooker, die Kunst, 15 rote und sechs andersfarbige Bälle mit dem weißen Spielball in die Taschen zu versenken, stellt höchste Anforderungen an Technik, Taktik und vorausschauende Ballkontrolle. In England, Schottland, Wales, Irland und Nordirland wird Snooker von sechs Millionen Aktiven gespielt, in Deutschland sind gerade mal 4.000 Spieler in Vereinen organisiert. Doch das von Eurosport regelmäßig live übertragene Spiel lockte an fünf Tagen je 2.500 Zuschauer ins Tempodrom. Der Reiz dieser Sportart liegt in der Stille und der spannungsgeladenen Konzentration. Der Gentlemen's Sport erfordert vom Spieler unbedingte Korrektheit, Fouls werden von ihm selbst angezeigt und dem Gegner gutgeschrieben. Der Dresscode verlangt die Fliege (Ausnahmen nur mit ärztlichem Attest).

LESEN IN CASARES Spanien, Casares bei Malaga. Bei der Volvo World Match Play Championship 2012 geht es um 2,75 Millionen Euro Preisgeld. Profigolfer Camilo Villegas begibt sich am 14. Loch auf Augenhöhe mit den wenigen Bodenlebewesen, die einen Golfplatz bevölkern. Hört er das Gras wachsen? Der Kolumbianer, Charakterdarsteller unter den Platzhirschen mit Schlag, ist berühmt für seinen persönlichen Stil, die Puttlinie zu lesen. Seine Fans, und er hat eine ganze Menge, nennen ihn „Spiderman". Beim Putt, dem Schlag mit dem Putter, einem Spezialschläger für Kurzstrecken, bleibt der Ball am Boden und rollt möglichst auf direktem Weg, also auf Puttlinie, ins Loch (englisch Hole). Das Loch ist etwa so groß wie eine Teetasse, nur etwas tiefer, und durch eine von Weitem sichtbare Fahnenstange gekennzeichnet. Zum Einputten wird der Flaggenstock herausgenommen. Ein guter Golfer hat nie den Ball oder das Preisgeld im Blick, sondern immer nur das Loch – und dann das nächste, während des ganzen Spiels, und oft auch ein Leben lang.

GOLF AM NORDPOL Kein Green weit und breit. Kein Loch, das den Regeln des Golfsports entspräche, Bälle, die auf Nimmerwiedersehen im nördlichen Polarkreis oder in der Beaufort Sea verschwinden. Macht nichts. Die amerikanischen Inuit Agnes Kuptana und William Kagyut zelebrieren den Abschlag auf dem vermutlich nördlichsten Golfplatz der Welt: Herschel Island, auch Qikiqtaruk genannt, im äußersten Norden des kanadischen Yukon-Territoriums. Sir John Franklin landete hier 1826 als erster Europäer auf der Suche nach der Nord-West-Passage. Die Insel war ungemütlich, aber nicht unbewohnt. Hier lebten Inuit vom Walfang und vom Handel mit Fellen. Seit die Insel 1987 Teil des 116 km² großen Herschel Island – Qikiqtaruk – Territorial Parks wurde, sagen sich hier die Polarfüchse gute Nacht. Sonst leben hier nur Karibus, Eisbären und Park Ranger. Im Sommer, genauer vom 19. Mai bis zum 24. Juli, scheint hier Tag und Nacht die Sonne. Ab und zu kommen russische Eisbrecher vorbei und bringen Touristen und Golfspieler vorbei.

HOTEL

KUGELSPORT IM GRÜNEN Für britische Ladies kommen viele Sportarten nicht in Frage. Beach-Volleyball? Indiskutabel. Echte Ladies ziehen Sportarten vor, in denen der Dresscode keinen Bikini vorschreibt, und kleiden sich angemessen, in diesem Fall weiß. Beim Lawn Bowls, der britischen Variante von Boccia oder Boule, schieben sie eine ruhige Kugel, wie einst Sir Francis Drake, von dem Erstaunliches berichtet wird. Als er 1588 die Schreckensnachricht erhielt, dass eine spanische Armada mit 500 Schiffen gen England segelte, um es zu erobern, soll er dies gelassen zur Kenntnis genommen haben, um danach sein Kugelspiel in aller Ruhe zu beenden. Den Rest besorgten taktisches Geschick und widrige Winde, die Armada ging unter. Das Spiel der Kugeln blieb bis heute weit verbreitet in den Ländern des Commonwealth, mit vielen Hundert Vereinen in Großbritannien, USA und vor allem in Kanada, Australien und Neuseeland. In Deutschland gibt es nur zwei Vereine, einen in Löbichau (Ost-Thüringen) und einen in Meppen (Emsland).

MARDER IM STRAFRAUM Thun, Schweiz. Ein Marder stört das Spiel des FC Thun gegen den FC Zürich. Marder sind Kulturfolger, so nennt man Wildtiere, die in freier Natur nicht genug zu knabbern finden und deshalb in den Lebensraum der Menschen vordringen. Zu den Kulturfolgern zählen Grizzlybären, Kojoten, Saatkrähen und Marder, die sogar die Innereien von Automobilen in ihren Speiseplan integrieren, am liebsten die Ummantelungen von Bremsschläuchen. Der Begriff Kultur ist also sehr weit gefasst, obwohl sich Marder selten auf Fußballplätze verirren. Josip Drmic, Zürichs laufstarke Sturmspitze (inzwischen bei Bayer Leverkusen), stellte ihm nach. Nicht im Bild: Verteidiger Loris Benito, der das Tier fangen konnte. Der Marder biss ihn aber in den Finger, der Spieler musste verarztet werden. Torwart David Da Costa, ein erfahrener Beutegreifer und mit bissfesten Handschuhen ausgestattet, hat den Eindringling schließlich gepackt und ins Aus getragen. 5.101 Zuschauer waren Zeuge. Das Spiel endete 4:0 für Zürich.

Carlsberg

BILDCREDITS

Seite 4 Desre Tate, Qld, Australien, www.photosbydes.com
Seite 14 TOMANEPHOTOS, Porto, Portugal, www.tomanephotos.com
Seite 16, 102 Stuart Gibson, Tasmania, Australien, www.stugibson.net
Seite 17, 146 Lars Moeller, Søborg, Dänemark, www.larsmoeller.com
Seite 18 Grant Orbeta, www.grantorbetaphotography.com
Seite 20, 78 Carlos Barria, Reuters
Seite 22, 42, 77, 86, 134, 149, 160, 168, 173, 204, 219 © Laci Perenyi, Meerbusch, Deutschland, www.lp-sportsart.de
Seite 24 Christoph Goedan, laif
Seite 26, 70 Danish Siddiqui, Reuters
Seite 28 Alain Sleigher, QC, Kanada, www.alainsleigher.com
Seite 30 Mohammed Salem, Reuters
Seite 32, 124 Dimitrios Kontizas, Athen, Griechenland, www.dimitriosphotography.gr
Seite 34 Florian Jäger, München, Deutschland, http://flojaeger.com
Seite 36 Scott Dickerson, Homer, USA, www.ScottDickerson.com
Seite 39, 126 Jay Beyer, Salt Lake City, USA, www.jaybeyer.com
Seite 40 Mathieu Belanger, Reuters
Seite 44 Berthold Steinhilber, Stuttgart, Deutschland, www.bertholdsteinhilber.com
Seite 46, 64, 82, 208, 228 Matthias Hangst, WITTERS
Seite 48, 80, 194, 196 Stefan Warter, Berlin, Deutschland, www.stefan-warter.com
Seite 50, 72 Rafael Fabres, Rio de Janeiro, Brasilien, www.rafaelfabres.com
Seite 51 Jonathan Torgovnik, Getty Images
Seite 52 Mike Blake, Reuters
Seite 54 Todd Korol, Reuters
Seite 56 Kevin C. Cox, Getty Images
Seite 57 Michael Heuberger
Seite 58 Simon Watts, Getty Images
Seite 60 Claudia Wiens, Istanbul, Türkei, www.claudiawiens.com
Seite 62, 83 Thomas Schreyer, Nürnberg, Deutschland, www.schreyer-photo.com
Seite 65, 154 Jörg Müller, Hamburg, Deutschland, www.joergmueller.de
Seite 66 Martin Steffen, Bochum, Deutschland
Seite 68 Judit Berekai and Tomasz Gudzowaty, yours gallery, Agentur Focus
Seite 73 Richard Mackson, WITTERS
Seite 74 Lucas Jackson, Reuters
Seite 76, 131, 108, 158 © Piotr Dymus, www.piotrdymus.com
Seite 84 Rob Schumacher, WITTERS
Seite 88 picture-alliance/dpa, John G. Mabanglo
Seite 90, 152, 162, 202, 206, 225 Eberhard Thonfeld, camera 4, Fotoagentur Camera4 GbR
Seite 92, 157 Laszlo Balogh, Reuters
Seite 93, 132, 136, 182, 232 Harald Schmitt, Hamburg, Deutschland
Seite 95 Gillaume Néry, Nizza, Frankreich
Seite 96 Juan Cruz Rabaglia, Red Bull Illume

Seite 98 Liz Rogers, Melbourne, Australien, www.lizrogersphotography.com
Seite 100 Christophe le Potier, La Trinité sur Mer, Frankreich, http://www.plisson.com
Seite 104, 106, 110, 111, 118, 128 Klaus Fengler, Allensbach, Deutschland, www.klausfengler.de
Seite 112, 188 Christian Pondella, www.christianpondella.com
Seite 114 Jan Greune, Münsing, Deutschland, www.jangreune.de
Seite 116 Martin Hartley, Getty Images
Seite 121 Martin Lugger, Lienz, Österreich, www.martinlugger.com
Seite 122 Jody MacDonald, Ketchum, Idaho, USA, www.jodymacdonaldphotography.com
Seite 130 Joel Saget, Reuters
Seite 138 Gleb Garanich, Reuters
Seite 140 Susana Vera, Reuters
Seite 141 Colin Delfosse, Picturetank, Agentur Focus
Seite 142 Peter von Felbert, LOOK-foto
Seite 144, 216 Hans-Jürgen Burkard, Hamburg, Deutschland
Seite 148 Amadeus Waldner, Hannover, Deutschland
Seite 150 Joe Camporeale, Reuters
Seite 156, 211 Moritz Müller, Düsseldorf, Deutschland, Sportfoto Moritz Müller
Seite 164 Andrew Winning, Reuters
Seite 166 picture-alliance/dpa, Franck Robichon
Seite 170, 226 Florian Manz, Hannover, Deutschland, www.florianmanz.de, Agentur Focus
Seite 172, 178 Eddie Keogh, Reuters
Seite 174 David Carreno Hansen, Hannover, Deutschland, www.vizyoso.tumblr.com
Seite 176 Jessica Rinaldi, Reuters
Seite 180 dePablo, Zurita, laif
Seite 184 Frank Schirrmeister, OSTKREUZ
Seite 186 Russell Cheyne, Reuters
Seite 187 Philipp von Ditfurth, Hannover, Deutschland, www.fotojournalismus.org
Seite 190 Robert W. Kranz, Rallyewerk, http://rallyewerk.photoshelter.com
Seite 192 Barry Ambrose, Reuters
Seite 198, 199 Kos/Kospictures.com
Seite 200 Mariusz Mike Adamski, http://air2air.net
Seite 210 Thorsten Baering, Hamburg, Deutschland, www.baering.de
Seite 213 Christian Thiel, OSTKREUZ
Seite 214 Fabrizio Bensch, Reuters
Seite 218, 221, 222 Fotoagentur Sven Simon
Seite 220 Marc Atkins, Offside Sports Photography, WITTERS
Seite 230 Stefan Boness, Berlin, Deutschland
Seite 231 Jon Nazca, Reuters
Seite 234 York Christoph Riccius, Berlin, Deutschland, http://www.yorkchristophriccius.de
Seite 236 Christian Pfander, WITTERS

IMPRESSUM

Originalausgabe Becker Joest Volk Verlag

1. Auflage September 2014

ISBN 978-3-95453-038-0

AUTOR Emanuel Eckardt

BILDREDAKTION, HERAUSGEBER Stefan Pielow

PROJEKTLEITUNG Johanna Hänichen

LAYOUT, TYPOGRAFISCHE GESTALTUNG

Dipl.-Des. Justyna Krzyżanowska für Makro Chroma Joest & Volk OHG, Werbeagentur

SATZ Dipl.-Des. Katharina Staal

BILDBEARBEITUNG, LITHOGRAFIE, LEKTORAT

Makro Chroma Joest & Volk OHG, Werbeagentur, Hilden

DRUCK D'Auria Printing, Italien

BECKER
JOEST
VOLK
VERLAG

www.bjvv.de